TRANSITION

TRANSITION

トランジション

社会の「あたりまえ」を変える方法

松浦正浩《まつうらまさひろ》
MASAHIRO MATSUURA

集英社
インターナショナル

トランジション

社会の「あたりまえ」を変える方法

ブックデザイン
金澤浩二

図版
田中えりな

はじめに

「世の中なにかおかしいぞ」
「社会の仕組みから変えないといけないぞ」

こんなことを考えたことはないでしょうか？　自分の生きる社会の在り方について、疑問を持ったり、改善点を見つけたりすることは、きっと多くの人が経験していると思います。

とはいえ、具体的になにをすればいいのかわからない。そもそも自分になにができるのかすらわからない……そんな方にぜひ知っていただきたいのが「**トランジション**」というキーワードです。これは、日本ではまだまだ、知られていない言葉だと思います。しかしこれから、とても重要な単語となっていくのは間違いありません。

トランジションとは、「**世の中の仕組みが変わる、仕組みを変える**」ということです。

たとえば化石燃料を使い続けると今後、気候変動が悪化する可能性が高いので、化石燃料を使わない社会にしようと世界中の国々、人々が努力しています。もっと身近なところでは、小学校のＰＴＡの仕組みを変えようと努力している人たちもいます。

このように、いろいろな場面で仕組みを変えるときに、どうすればよいのか。

この本では、その疑問にお答えします。

私の主な研究テーマは、交渉学・合意形成論というものです。これは一言でいえば、話し合いで問題解決を図る方法についての研究です。ここでいう「問題解決」は、ときに仕組みを変えることでもあるのですが、苦い思い出があります。

10年以上前の話ですが、合意形成の研究の一環として、ある離島で木質バイオマスをもっと利用してもらおうという取り組みがありました。化石燃料の代わりに木材を燃やして熱源にすることで、二酸化炭素の排出を減らすことができます。島のエネルギーの仕組みを変えようとしたわけですね。

私はまず、島の林業や製材などの関係者に集まっていただき、合意形成のための話し合いの場を設けました。理論上、みんなが得をする仕組みだったので、話し合いで調整すれば、すぐに合意形成が実現するはずでした。しかし、結論から言えば、話し合いをしても、木質バイオマスの利用促進にはまったくつながりませんでした。話し合いの場では「いまとくに困っているわけではないのだから、わざわざ新しい仕組みを導入しなくてもいいんじゃないか」という意見が多数派になってしまったのです。

話し合いをしていた会場で、木質バイオマスを推進しようとしていた、とある参加者の方から、こんなことを言われました。

「大きな事業者が集まって話をしても、なにも変わらないよ。むしろ、島の若い子たちに、未来の問題として関心を持ってもらう場をつくったほうがよかったね」

これにはハッとさせられました。関係者が集まって合意形成を図れば世の中はよくなるはず、という自分のナイーブな思い込みのせいで、離島のみなさんに迷惑をかけてしまったのです。

これは困った、どうしたものか……と悩んでいたころ、当時勤務していた東京大学で、研究会の通訳の仕事を頼まれました。オランダから若手の研究者、ダーク・ローバック氏が来日して、社会のトランジションを加速させる「**トランジション・マネジメント**」なるものについて1時間ほどの講義をしてくれるということでした。

その講義のなかで「合意形成ばかりでは、社会の仕組みは変わらないどころか、変化が阻害される！」というお話がありました。ちょうど、自分の合意形成の実証研究がうまくいかなかった直後だったので、まさに目からウロコが落ちる思いでした。

それからというもの、オランダのトランジション・マネジメントについて研究したり、実践してみたり、いろいろと試行錯誤してきました。本書はその経験をもとに、社会の仕組みを変えるトランジションとはいったいなんなのか、そしてトランジションを加速させるためになにができるのかを、できるだけわかりやすく整理しました。

前半では、なぜトランジションが必要なのか、地球温暖化と人口減少という代表的な問題を例にしてお話しします。産業革命から約200年を経た現代社会、そして戦後から80年が経とうとしている日本社会は、さまざまなトランジションの必要性に直面しています。世界全体で取り組まなければならないトランジションもあれば、読者のみなさんの身近な地域や組織で取り組むべきトランジションもあります。そして2050年以降、私たちの子ども、孫、さらなる子孫が豊かな生活を享受するためには、できるだけ早く、私たちの手で、よりよい社会へのトランジションを加速させておかなければならないのです。

後半では、トランジション・マネジメントの具体的な進め方と、オランダの先進的な事例を紹介します。最後に、トランジションを今日から加速させていくためになにができるのか、考えたいと思います。

「世の中なにかおかしいぞ」「仕組みから変えないといけないぞ」と考えたことのある人は、ぜひトランジション・マネジメントを応用して、新しい行動を起こしてみたり、いまおこなっている活動を見なおしてみたりしてください。

トランジションは、ものすごい大人数（もしかしたら地球上すべての人々！）の行動・思考を変えることでもあるので、一朝一夕にかたづく問題ではありません。私自身の実践でも、なかなか思ったとおりにならず、日々悩み続けています。それでも、未来のためにトランジションが必要だと、理論的に確認できているので、挫折しながらも実践を続けることができています。**千里の道も一歩から。**どうか臆することなく、読み進めてみてください。

はじめに …… 3

第1章 現代社会の諸問題

化石燃料で成り立つ社会 …… 16
産業革命と人新世／大都市の発生
死亡率の劇的減少／化石燃料・内燃機関への依存

持続可能性の必要性 …… 25
想定外の外部不経済／規制による外部不経済の抑えこみ
気候変動の原因は産業革命以降のシステムそのもの
サステナビリティの必要性

気候変動対策の行き詰まり …… 34

欧州の「過激」な社会運動／コツコツ省エネしても解決しない
抵抗勢力との対立は不可避

日本の人口問題……42
どうにも止まらない少子高齢化・人口減少／人口減少の現場
人口増加が前提の日本の仕組み／「移民」も仕組みを変える
経済の冷え込みを前提にした仕組みの転換／「高齢者」の定義のアップデート

コラム① 気候変動と地政学リスク……55

第2章 トランジションの可能性

どうして社会の仕組みを変える必要があるのか？……58
大規模で長期にわたる課題／社会を抜本的に変えるための「力」
低確率高ハザードのリスク／先延ばし症候群

社会とは「システム」である …… 66
大きなピタゴラ装置／アンバランスなシステムは崩壊する

マルチ・レベル・パースペクティブ（MLP） …… 71
構造とエージェント／3層構造のMLP／「トランジション」の定義
構造とエージェントの相思相愛関係／ふたつのカーブ：SとX

トランジションの加速でシステムを変える …… 82
日常の習慣を入れ替える／対立は避けられない

未来のあたりまえを先取りする …… 87
先取りした者が勝つ？／ステークホルダーは変化を嫌う

コラム② コオロギ炎上 …… 92

第3章 トランジション・マネジメントのステップ

トランジション・マネジメントとは？……96
トランジションを加速させる
「上から目線の押しつけ」ではなく、「実践を伴った勧誘」を
身近なこともトランジション・マネジメントの対象
トランジション・マネジメント向きの問題とは

ステージ① 問題を定義する……104
フェーズ❶「規模」を決める
フェーズ❷「テーマ」を決める
フェーズ❸目標年次を決める

ステージ② 計画をたてる……110
フェーズ❹Xカーブを作成する
フェーズ❺未来の姿を決める
フェーズ❻フロントランナーを見つける

ステージ③ 仲間を集める……117
フェーズ❼「トランジション・アリーナ」を開く
フェーズ❽未来のビジョンを共有する
フェーズ❾フロントランナーたちの考えをまとめる

ステージ④ 実行する……124
フェーズ⓾「参加疲れ」を回避する
フェーズ⓫フロントランナーの〝推し活〟をする
フェーズ⓬（場合によっては）新しい活動をはじめる
フェーズ⓭とにかく続ける
フェーズ⓮ときどき見直す

コラム③ トランジションとトランスフォーメーション……135

第4章 トランジション先進国・オランダ

トランジション都市・ロッテルダム …… 138

悲劇の都市から、世界の最先端へ／「シティ・ラウンジ」計画

ケース① モビリティ・トランジション・アリーナ …… 143

異例の自動車依存都市／モビリティ・アリーナの発足／そして実践へ
自転車プラットフォーム／ハッピー・ストリート
トランジション・マネジメントの成果

ケース② M4H地区 …… 160

旧港湾地区の再開発／辺縁で創造する
M4Hでのさまざまな実践／都市の多様性
国際建築ビエンナーレ

〈特別インタビュー〉
オランダ・トランジション研究所（DRIFT）代表
ダーク・ローバック …… 173

コラム④ 人新世 …… 183

第5章 今日からはじめるトランジション

未来への希望としてのトランジション …… 186
思考の転換／冷笑主義は相手にする価値なし／公正なトランジションという配慮

日本でトランジションを起こすには …… 193
日本に根付く「不信」の伝統／「ナッジ」というトロイの木馬

小さくはじめて、大きく実らせる …… 198
外部性／コロナ禍で身近になったトランジション

日本の身の回りにあるトランジション …… 203
マイカーの電動化／電力とエネルギー／民主主義
いまからはじめられるトランジション

コラム⑤ 3・5パーセントで世界は変わる? …… 216

おわりに …… 219

社会の「あたりまえ」を変えるためのブックガイド …… 223

第1章

現代社会の諸問題

TRANSITION

化石燃料で成り立つ社会

産業革命と人新世

突然ですが、あなたはいま、何歳ですか？

10代の方もいらっしゃるでしょうし、もしかしたら100歳以上の方もいらっしゃるかもしれません。

では、これまでのあなたの人生のなかで、社会が大きく変わったことって、なにか思いつきますか？

ご高齢の方であれば、太平洋戦争や高度経済成長などたくさんの変化を経験されてきたことでしょう。50歳前後の方であればパソコンやインターネットの普及、30歳前後の方であればスマートフォンの普及などでしょうか。10代だとまだ、これといって大きな変化は経験してないかもしれませんね（でも大丈夫、これから嫌というほど経験するはずです）。

人間、長いこと生きていれば、社会の大きな変化をいくつか体験することでしょう。しかしいま生きている、私たち誰もがほとんど意識していない社会の大変化が、250年ほど前に英国からはじまりました。それが**産業革命**です。当時の英国では、石炭の存在、科学の急速な発展、土地法制の変化など、さまざまな条件が揃ったことから、これまでの人類の歴史のなかで何回目かの抜本的な大変化が実現しました。この大変化が英国からヨーロッパ大陸、新大陸、そして世界へと伝播していったことで、この地球上のほぼすべての人間社会に新しい秩序がもたらされたのです。

この産業革命以降の世界を「**人新世**《じんしんせい》（Anthropocene）」と呼ぶことを、地球科学などの研究者たちが最近、提案しています。もともと、「世《せい》」とは、地球の46億年の歴史を、地質の研究などに基づいて時代区分するために用いられる単位で、いちばん新しい「世」は、約1万年前から現在に続く完新世でした。しかし、産業革命以降の人類社会が地球の仕組みにあまりに大きな影響を与え、地球がこれまでとは異なる様相を見せはじめたので、新しい「人新世」がはじまったというのです。では産業革命で、どのような変化が生じたのでしょうか。いくつか具体例をみてみましょう。

大都市の発生

コロナ禍で少し変化がみられるようですが、「東京一極集中」と言われるような、多くの国民が大都市へと引き寄せられる現象は、明治時代からずっと続いてきました。じつは、これは日本特有の現象ではなく、世界中どこの国でも起きている現象です。仕事や娯楽を求めて首都や大都市へと人口が移動するのは、考えてみればあたりまえのことです。とくに最近では、アジアやアフリカ諸国で大都市に人々が集まり過ぎて、スラムなどのきわめて劣悪な住環境での生活を余儀なくさせられる人々が問題になっています。

こうした「大都市」というものは、じつは産業革命以降に生まれたものです。それ以前の多くの人々は、地方部で農林水産業に従事していました。しかし、産業革命によって農業技術が格段に進化したことから、田園部で必要な労働力が余るようになり、逆に都市部の工場や炭鉱などでは労働力がより必要とされるようになりました。さらに、産業革命の発祥の地だった英国では、土地の個人所有に関するルールが明確になり、囲い込み運動（エンクロージャー）によって、それまで共同利用されてきた土地が使えなくなりました。その結果、一部の農民が都市に移動せざるをえませんでした。これらの結果として、世界的な規模で多くの人々が都市部に「密に」住まうようになったのです。

産業革命以前、世界でもっとも人口の多い大都市はどこだったか、知っていますか？　それは、中国の北京やタイのアユタヤ（バンコク）でした[※1]。それでは、当時の北京やアユタヤの人口は何人だったと思いますか？　ちなみに、現在の東京都には約１４００万人が住んでいます[※2]。

[※1]From Jericho to Tokyo: the world's largest cities through history – mapped　https://www.theguardian.com/cities/2016/dec/06/world-largest-cities-mapped-through-history-data-viz

答えは、せいぜい100万人程度、つまり世界一の大都市でも、いまの東京都の14分の1の人口だったのです。それが産業革命によってさらなる大都市が可能になり、ロンドンが200万人を超える巨大都市へと急成長したほか、リーズやリバプールなど、英国内の他の工業都市への人口集中も急激に進んだのでした。

産業革命による都市部の人口爆発は、思わぬ弊害をもたらしました。ロンドンでは、地方出身の単純労働に従事する人々が住まうスラムがうまれ、上下水道もない狭い部屋に何人もが寝泊まりするような状況となりました。下水道がないので、し尿が道路に投げ捨てられていたそうです。その結果、コレラをはじめとする疫病がまん延し、結果として政府が「都市計画」をはじめることになります。住宅に窓をつけて換気をよくすることなどを義務づけたり、汚水を隔離するため下水道を整備したり、都市のインフラ（基盤的施設）整備を政府が担うようになりました。

現在では、都市は非常に複雑な仕掛けの上で成り立っています。たとえば電気、ガス、水道といった、いわゆるライフラインが、都市の地下には縦横無尽に張りめぐらされていて、一本一本の配管が管理されています。地上では、人々が電車や自動車で安全に移動できるよう、線路や道路もきちんと管理され、また修繕もされています。高層ビルも、安心してあっという間に昇れるエレベーターがメンテナンスされていますし、制振装置という巨大なおもりで地震の

［※2］東京都総務局統計部「東京都の統計」　https://www.toukei.metro.tokyo.lg.jp/index.htm

揺れを抑え込んだりもしています。このように都市は、複雑に入り組んだ巨大システムが何事もなく、毎日、安全に稼働することによって初めて成立しています。

現在のこうした都市のありかたも、産業革命による人口集中がもたらしたのです。

死亡率の劇的減少

産業革命以降、世界の人口は急激に増加の一途をたどります。その理由には諸説あり、都市化によって若者が自由を得たため子どもをより多くつくるようになったとか、医学の発展により新生児や幼児の死亡率が急激に低下したと言われています（なお第二次大戦後には、高齢者の死亡率も減少したことでさらに人口増加が続きます）。

日本のデータですが、明治時代には乳児の死亡率は15％程度でした。つまり100人に15人の赤ちゃんが、1歳になる前に亡くなってしまっていたのです。それが戦後1950年代には4％程度、2021年には0・17％にまで、大幅に改善しました[※3]。結果として、無事成長できる子どもたちが増えたため、人口が増加をはじめるようになったわけです。世界の人口について超長期のデータを見ると、つい最近まで地球上に1億人も存在しなかったのが、1800年代に入って10億人を突破し、その後はほぼ「垂直」のような勢いで増加していることがわかります（図1）[※4]。

［※3］厚生労働省「令和3年（2021）人口動態統計（確定数）の概況」 https://www.mhlw.go.jp/toukei/saikin/hw/jinkou/kakutei21/index.html
［※4］UN DESA (2022) "2022 Revision of World Population Prospects" World Population Prospects - Population Division - United Nations

図1　世界人口の推移

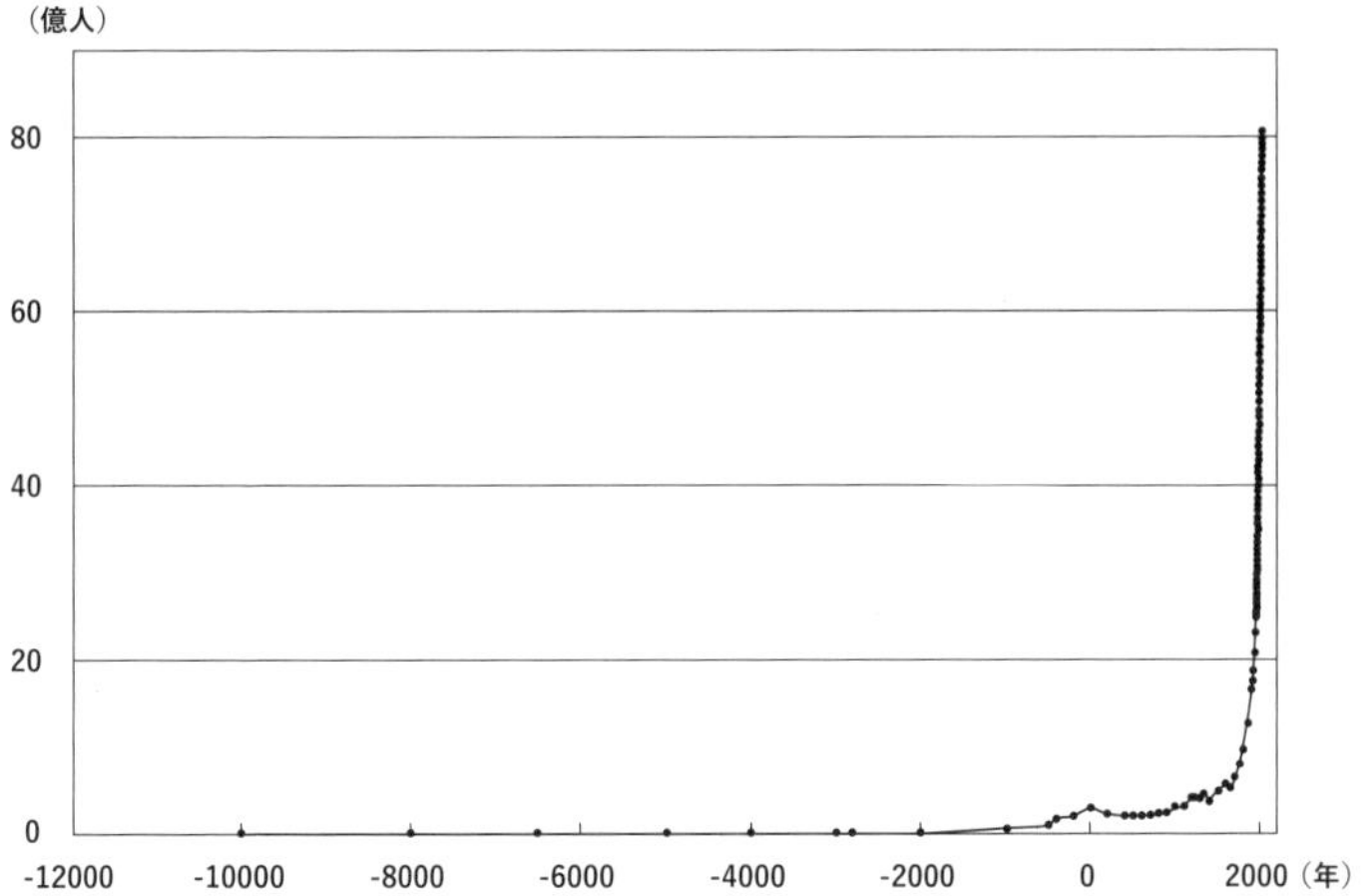

もちろん亡くなる子どもが減ることはよいことに決まっていますが、人口が増えれば、それだけ雇用や食糧を増やす必要があります。マルサスという18世紀の経済学者は、放っておけば人口は幾何級数的に増加するけれども、食糧生産は線形でしか増加しないので、必ずや食糧不足が深刻化するといい、人口の抑制を主張しました（図2）[※5]。実際、中華人民共和国では最近まで「一人っ子政策」がおこなわれていました。幸い、化学肥料の発明による農業の生産性向上や、出生率の低下などもあり、日本を含む先進国では、食糧不足はそこまで深刻な問題ではありません。しかし、アフリカなどの最貧国では、いまだ栄養不足が深刻な問題ですし、世界全体で考えればまだまだ、人口増加と食糧不足という問題は解

[※5] マルサス（2011）『人口論』斎藤悦則 訳、光文社古典新訳文庫

図2　マルサスによる人口増加の問題

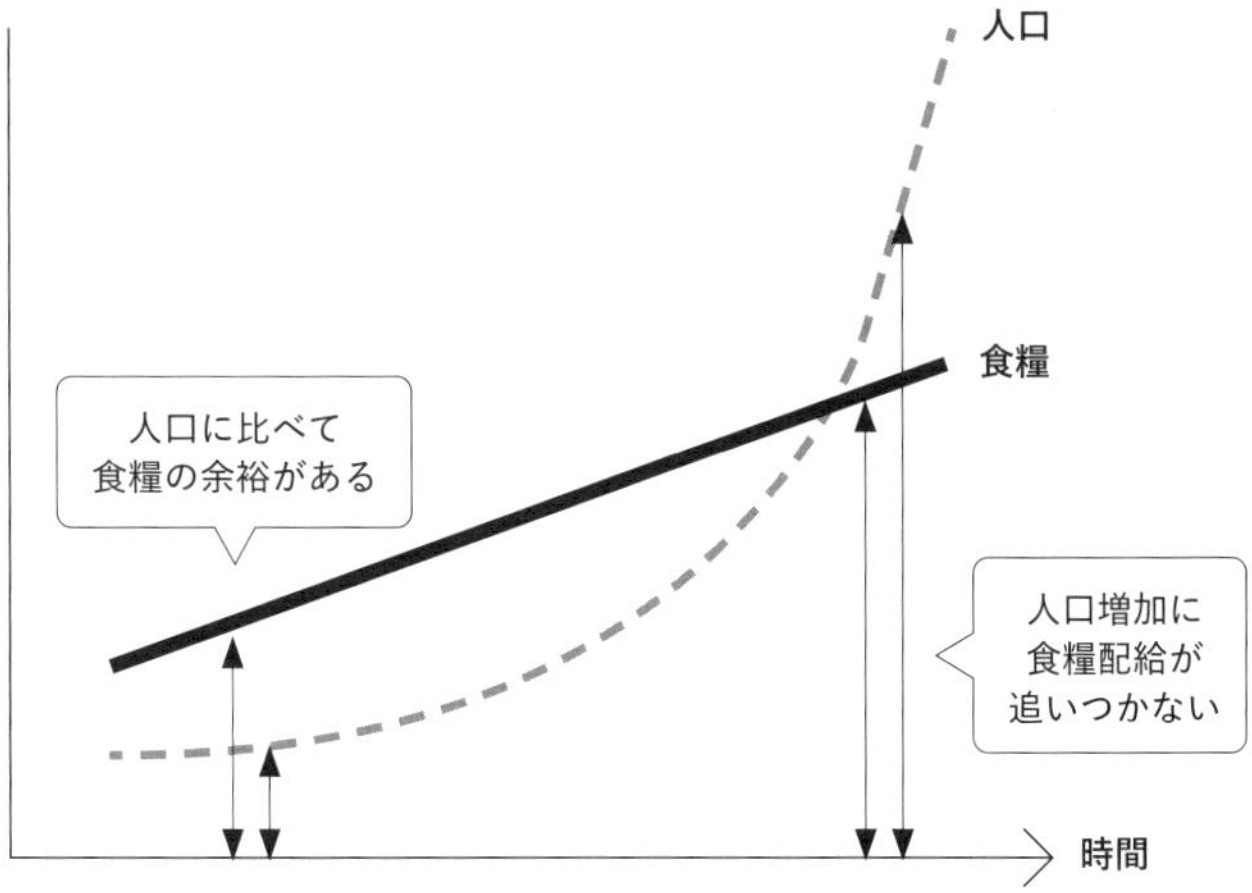

消されていません。

たしかに日本では出生率の低下が進み、他の先進国のような移民の受け入れがほとんどないことから、人口減少がはじまっています。しかし、世界全体でみれば、まだまだ人口は増え続けています。地球には開発されていない土地がたくさんあるので、人間の住む場所がなくなることはないでしょう。それでも、人口が増えるだけ、食糧生産や住居のために土地が必要になり、手つかずの自然を人間が開発していかざるをえないでしょう。

化石燃料・内燃機関への依存

産業革命のいちばんの大きな変化は「化石燃料」に依存した社会の発生です。石炭や石油といった化石燃料の存在ははるか昔から知られてはいましたが、いまに比べて、使い道はあまりありませんでした。それまでは、薪や木炭といった木質燃料が主に使われてきました。

それが、蒸気機関が産業機械の動力として実用化されたことで、石炭や石油を大量に消費する社会へと変化したのです。これまで人間や馬・牛、あるいは風などの力で細々と動かしていたものを、石炭や石油を燃やして水を蒸発させ、蒸気の力を生み出すことで、巨大な機械を動かせるようになりました。さらに人やモノも、蒸気機関車や蒸気船などで、いっぺんに大量輸送することが可能になったのです。

現代の工場では、石炭を焚いて蒸気機関を動かすということはほとんどなくなり、その代わりに電力で機械を動かすようになりました。しかし、その電力は、発電所で石炭や石油を燃やして沸かした蒸気でタービンを回転させて生み出しているのですから、その本質は変わりません。また戦後は、自動車や飛行機による移動が増えたことで、ガソリンなどを直接燃焼するエンジン（内燃機関）が身近な存在となりました。この変化は木や草に依存する「有機物依存経済」から石炭や石油に依存する「鉱物依存経済」への抜本的な転換となりました[※6]。

このように、産業革命以降の社会は、化石燃料に依存することで成長を続けてきましたし、もはや化石燃料がなくてはならない社会となってしまったのです。もし、いまこの瞬間、化石燃料が突然この世から消えてしまったら、どんな世界になるでしょうか？　大半の家庭やオフ

［※6］長谷川貴彦（2012）『産業革命』山川出版社、p.56.

ィス、工場の電気は止まるでしょう。電気が止まればインターネットなどまったく機能しません。トラックも動かなくなるので、宅配の荷物も届かないし、スーパーの棚からモノがなくなるでしょう。石油を原材料とするプラスチックもなくなってしまうので、身の回りのプラスチックを使った製品の買い替えは難しくなります。

このように、産業革命から200年以上経った現代の社会は、化石燃料を前提として成り立っています。**化石燃料がなくなってしまったら、社会そのものが成り立たなくなるほど、私たちは化石燃料に依存しているのです。**

TRANSITION

持続可能性《サステナビリティ》の必要性

想定外の外部不経済

産業革命によって、人間の生活は格段に便利で安心・安全なものとなりました。化石燃料をたくさん利用することで、世界中の大都市で、文化的で快適な生活を営むことができるようになっています。しかし、これはそれまでの社会と比べてあまりに大きな変化だったため、当初は考えていなかった「想定外」の問題が発生します。

たとえば前節で述べた、スラムの発生とそれにともなう疫病の蔓延などは、産業革命後の歴史のなかで、かなり早い時期に発覚した問題でした。そこで、「都市計画」により、建物や住む場所を規制することで、問題に対処してきたわけです。また日本では、戦後の急速な経済成長によって、公害が深刻化したこともありました。自動車や工場からの排気ガスによって近隣の住民がぜんそくになったり、工場が地下水を汲み上げ過ぎて町全体の地盤が沈下してしまったり、さまざまな問題が発生しました。

このような「想定外」の問題を、経済学者は「外部不経済」と呼びます。たとえば、公害を引き起こすために自動車を走らせる人なんて、ふつうは考えられません。あくまで移動するために人々は自動車を走らせるのですが、意図しない結果として、その排気ガスが沿道の住民に健康被害をもたらすこともあります。このとき、自動車とガソリンを買って走らせるという、意図した経済行為とは別のところ（＝外部）で迷惑（＝不経済）をかけるので、外部不経済という言い方をします。

こういう外部不経済の存在は、往々にして、当初から認識できるわけではありません。なんらかの経済活動の量が増えることで初めて、外部不経済の存在が可視化されるのです。たとえば自動車が発明されたころには誰もぜんそく被害など考えていなかったでしょう。普及したことでぜんそく被害などにつながったのです。また、あくまで「外部」で起きる問題なので、問題を引き起こすドライバー本人には経済的な損失も健康被害もなく、すぐに対策が施されないという問題があります。しかし社会として、迷惑をこうむる人たちをほったらかしにすることはできませんから、想定外の外部不経済が出てきたら、政府などが対策を打たなければならないのです。

規制による外部不経済の抑えこみ

産業革命以降、このような外部不経済はさまざまな場面で発生してきましたが、多くの場合、政府が規制をかけることで、問題の解決を図ってきました。たとえば日本では、自動車の排気ガスは１９６０年代に規制が導入され、いまではぜんそくなどの被害もかなり減りました。工場の地下水の汲み上げも、１９５０年代には工業用水規制法が導入され、最近では地盤沈下の問題はほとんど聞かれなくなりました。

外部不経済による環境問題は、国や都市のレベルだけでなく、世界規模でも起こるようになりました。たとえば、「越境汚染」があります。東ドイツやポーランドなどの旧東側諸国では石炭を大量に使っていたことから、工場からの汚染物質を含む排気ガスが大気中で硫酸や硝酸に変化して水滴に溶け込み、強酸性になった雨が西側諸国に降り注ぐ「酸性雨」問題が、１９７０年代から深刻になりました。このような場合も、関係する国々が交渉して、条約などの取り決めを交わすことによって、それぞれの国における規制強化や国際的な技術協力を通じ、問題の解決が図られてきました。

さらに世界全体を巻き込んだ問題が「オゾン層破壊」です。ドライクリーニングやエアコンなどで用いられていた世界中のフロンガスが大気中に漏れ出し、地球上空のオゾン層を破壊することで、地上に降り注ぐ紫外線の量が増え、結果として人体に大きな悪影響を及ぼすことが危惧されました。これについても国際交渉により１９８７年にモントリオール議定書が成立し、オゾン層に影響が大きい物質の排出を各国が厳しく管理するようになりました。現在では国連加盟の198カ国すべてがモントリオール議定書を批准し、フロンガスの大気中への放出を世界全体で抑え込むこと、そしてオゾン層の保全へとつながっています。ですからモントリオール議定書は、世界中のすべての国々が協力して環境問題を解決できた成功事例としてよく知られています。

このように産業革命以降、さまざまな形で発生してきた外部不経済は、それぞれの国や都市による規制、あるいは国を超えた国際的な枠組みによって、問題の解決が図られてきました。しかしいま、このやり方では対処できない問題に世界が直面しています。それが**気候変動問題**です。

気候変動の原因は産業革命以降のシステムそのもの

地球上の平均気温が20世紀に入ってから上昇し続けていることが、観測で明らかになっています。科学的な研究によれば、最近の平均気温は、さまざまな自然現象を考慮しても、19世紀中ごろに比べて1・1度ほど高くなっているそうです。図3は2021年に気候変動に関する政府間パネル（IPCC）が公表した地球上の平均気温に関するグラフで、1850年から1900年の平均気温を基準にしています[※7]。黒の実線が実際の各年の平均気温で、1960年ごろから顕著に上昇傾向が見られます。

[※7] IPCC (2021) "Summary for Policymakers: Climate Change 2021, The Physical Science Basis" p.6

図3　地球上の平均気温の変動

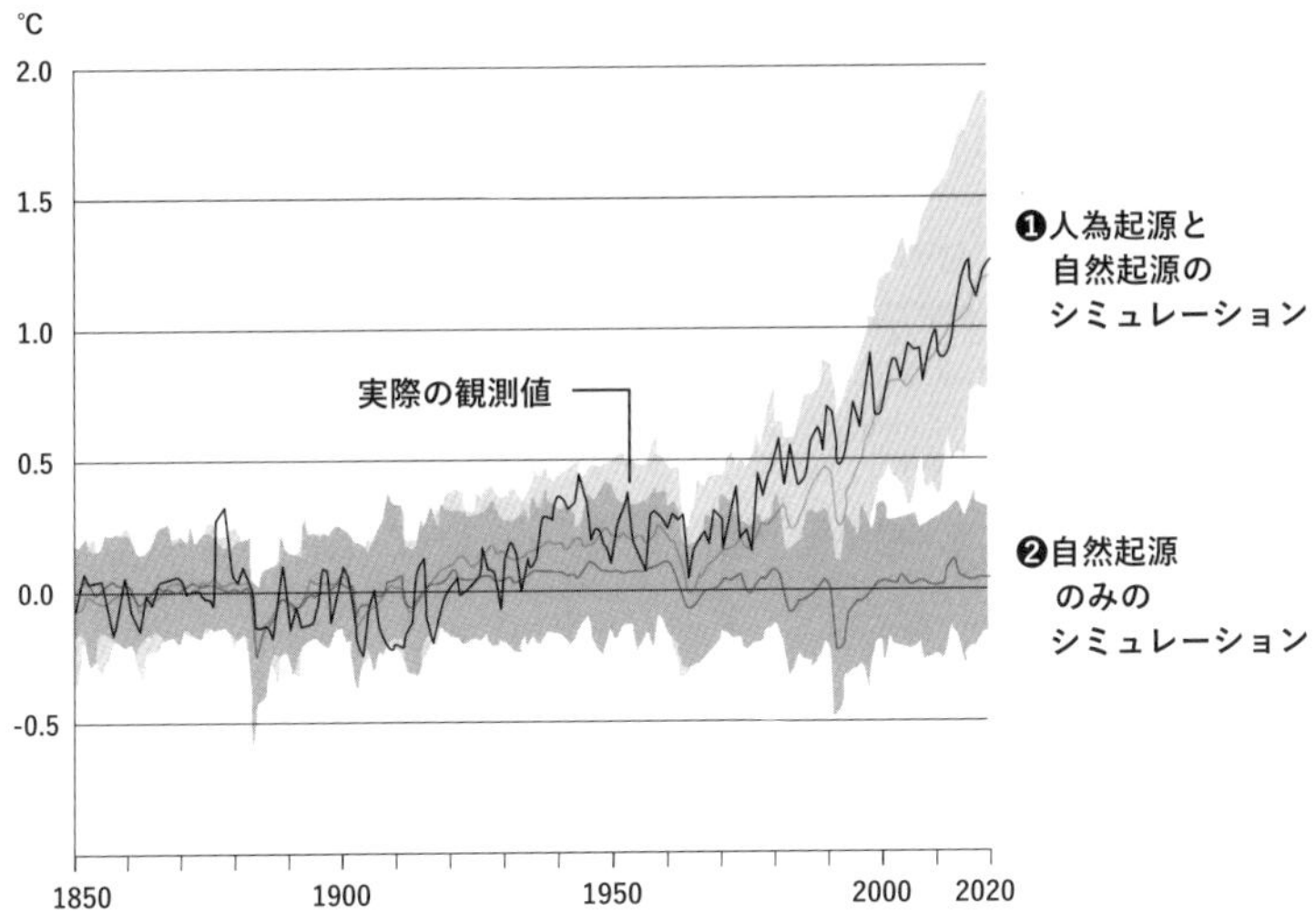

平均気温の上昇は、大気に含まれる温室効果ガス、具体的には二酸化炭素などの濃度が全世界的に高くなってきたことが主な原因だと考えられます。つまり、人類が化石燃料を燃焼していることが原因なのです。図3では、人間活動を含めた場合のシミュレーションが❶の線、人間活動がもしも存在しなかった場合のシミュレーションが❷の線で示されています（幅は不確実性を示す）。明らかに人為的な影響で気温が上昇していることがわかります。

そして、このまま化石燃料を使い続ければ、平均気温はさらに上昇し、その結果、気候が大きく変化することが予想されています。気温や海水温が上昇すれば、田畑で採れる作物や海で獲れる魚介類は変わってしまいますから、食糧危機につながる可能性があります。氷山や氷河が溶け出すことなどで海水面が上昇するので、沿岸の低地や小さな島が水没して、住処を失う人たちがたくさん出てくる危険性も指摘されています。海水温が上昇するので、湿った空気が流れ込み台風や集中豪雨などによる被害が大きくなる一方、逆に雨が降らなくなる地域も出てきて干ばつ被害が深刻化する可能性もあると言われています。干ばつ、山火事、集中豪雨などの被害、そして気温・海水温上昇に伴う食糧生産への影響などはすでに現実のものとなってきていると指摘する人もいます。

気候変動を抑制するためには、人間活動に伴う二酸化炭素の排出を実質ゼロにする、つまり化石燃料の使用をほとんど止めることが有効だと言われています（ただし、化石燃料を使い続けながら空気中の二酸化炭素を取り除く方法も研究されています）。「**脱炭素**」という言葉を聞いたことがあると思いますが、これは化石燃料をまったく使わないことを意味します。

「では、フロンガスの放出を規制できたモントリオール議定書と同じように、二酸化炭素など温室効果ガスの排出を規制すればいいのではないか？」と思われるでしょうが、問題はそうシンプルではありません。二酸化炭素をはじめとする温室効果ガスの排出を抑制するため、気候変動枠組条約が１９９２年に採択され、世界中の国が締約してはいるのですが、規制などの枠組みがなかなか機能せず、二酸化炭素の排出量はほとんど減っていません。むしろ総量としては増加を続けています。２０１９年の全世界の二酸化炭素排出量は、１９９２年に比べてなんと60％も増加しているのです[※8]。

なぜ削減が難しいのかといえば、化石燃料が現代社会のもっとも基本的な存在になってしまっているからです。クリーニングやエアコンに使途が限られたフロンガスは、排出源も明確でしたし、代替品へ置き換えれば問題が解決できます。しかし、世界中の人が日々使っている化石燃料をなにか別のものに置き換えることは容易ではありません。

フロンガスと違って、化石燃料は私たちの日常生活のありとあらゆる場面で使われています。とくに近代の自動車、飛行機、船舶などの乗り物は、化石燃料という、強力かつ安全に持ち運びができるエネルギー源があって初めて実現してきました。自動車は世界中ありとあらゆる場所に存在しますから、燃料を供給するために、製油所からガソリンスタンドまで、巨大で複雑な供給システムが世界中いたるところに張りめぐらされています。これを明日から電気や水素に置き換えましょうなどと言っても、完全に置き換わるまでには途方もない時間と労力がかかりそうです。しかも、電池は化石燃料のようにエネルギーの密度が高くないですし、水素は安全に持ち運ぶのが難しいので、置き換えるための技術開発がまだまだ必要です。

発電所だけであればまだ、火力から再生可能エネルギーや原子力といった代替手段に乗り換えることは可能かもしれません。しかし、現代社会のありとあらゆる活動が、産業革命を通じて化石燃料を前提とするものへと変化してきました。つまり、化石燃料は私たちの社会にとっ

［※8］THE WORLD BANK　https://data.worldbank.org/indicator/EN.ATM.CO2E.KT

ての血液のような存在となっているがゆえに、そう簡単に入れ替えられるものではない、ということなのです。

サステナビリティの必要性

近年、いろんなところで「SDGs」というアルファベット4文字を目にすると思います。これは「Sustainable Development Goals」の略（最後のsは複数形のエス）で、日本語に訳すと「持続可能な開発目標」となります。この最初の単語、「サステナブル（sustainable）」という形容詞がもっとも重要で、これを名詞にすると「サステナビリティ（sustainability＝持続可能性）」となります。

さて、なぜサステナビリティが重要なのでしょうか。それは、産業革命以降の化石燃料を基盤とした社会が持続不可能であることが、気候変動の問題によって明らかになってしまったからです。サステナビリティの定義は、1987年に国連の環境と開発に関する世界委員会が発表した報告書がよく参照されますが、わかりやすくいえば、「未来の世代に迷惑をかけずに社会経済の開発を進めなければならない」というものです。

未来の世代に迷惑をかけることとは、まさに長い時間をかけた外部不経済を意味します。現時点ではあまり問題ないかもしれないけれども、将来に悪影響をもたらす可能性が高いことは、サステナブルではないのです。

現在、ガソリン車や化石燃料での発電によって二酸化炭素が排出されても、なにかすぐに問題が起きるわけではありません。実際に200年以上、目に見える問題が起きてこなかったからこそ、二酸化炭素の排出に対してはほとんどなにも対策がおこなわれてこなかったわけです。しかし、これから徐々に地球の平均気温上昇が深刻化し、数十年後には台風や干ばつなどの被害が深刻になってしまったら、結局は、私たちがいまやっていることはサステナブルではなかったということになります。だからこそ、**脱炭素といった方法で、社会全体をサステナブルにしなくてはならない、**というのが昨今の国際情勢なのです。

TRANSITION

気候変動対策の行き詰まり

欧州の「過激」な社会運動

サステナブルな社会にするためには、化石燃料をまったく使わないという、抜本的な取り組みをしなければなりません。しかし、何度も言っているように、問題があるとわかっているにもかかわらず、なかなか改善が見られないのが気候変動対策の難しさ。もちろん、とくに欧州諸国を中心に、再生可能エネルギーへの転換や、電気自動車や自転車利用への転換などがこの10年ほどで進んでおり、変化の兆しは見られます。ただ、全世界の排出量を見てみると、直近のコロナ禍による一時的な減少を除けば、長年、増加の一途をたどっています。

このような状況に対し、強い苛立ちを見せているのが、若者層です。当然といえば当然のことで、現在の高齢者層は、気候変動の深刻な被害を受けることなく亡くなってしまう可能性が高いです。それに比べて、若者層はこれから半世紀以上の人生のなかで、気候変動による深刻な被害を受ける可能性がきわめて高いからです。これはある意味、世代間対立とみなすことができるかもしれません。気候変動が「超長期にわたる外部不経済」という特性を持っているからこその問題でもあります。

このような若者層のシンボル的存在といえば、２００３年生まれのスウェーデン人、グレタ・トゥーンベリさんでしょう。彼女は２０１８年に「気候ストライキ」といって、抜本的な気候変動対策を政府や企業に要求するために、学校を休んで議会前などで街頭デモンストレーションをはじめました（日本の報道では彼女個人が目立ちがちですが、気候ストライキ自体は彼女がはじめる前からすでに他の国でおこなわれており、彼女の発案ではありません）。彼女の行動はマスコミ等で注目を浴び、さらに若者層の共感を呼び、金曜日に学校を休んで政府などに直接行動を求める「未来のための金曜日（Fridays For Future）」という運動へと進化したのです。この運動は世界中で爆発的に波及し、２０１９年には世界同時デモといった国際規模の運動へと発展していきます。

もちろんこのような運動に対して、「学校サボらずにちゃんと勉強して気候変動を解決しろよ」といった批判は、世界中どこでも起きています。しかし、「未来に被害を受ける可能性がある者として、大人になるまで待っていたら間に合わない」という危機感を若者たちが強く感じることも、十分理解できます。

じつは、もう少し年齢が上の人たちは、もっと過激な運動をおこなっていたりもします。それが２０１８年から活動をはじめた英国の「エクスティンクション・レベリオン（Extinction Re bellion)」という団体で、「絶滅への反抗」とでも訳すことができますが、以下より一般的に用いられるXRという略称を使います。XRはグレタさん同様、気候変動対策の遅れに危機感を持った活動家の団体で、世論を喚起するための直接行動をとってきました。具体的には万単位の大人数で道路などの公共空間を占拠することで世論の耳目を集め、具体的な気候変動対策を求めるメッセージを拡散させる戦術をとっていて、ウォール街に端を発するオキュパイ運動の流れを汲んでいるとも言えます。

日本に暮らしているとあまりピンとこないかもしれませんが、このように大人数で集まって政府などに直接行動を求める動きというのは、決して「危険」でも「珍しい」ものでもありません。日本では、1970年代の新左翼の過激化の経験などから、デモなど直接行動へのイメージがよくないのも理解できます。しかし、このような非暴力直接行動(Non-violent Direct Action: NVDA)は、民意を表出させるための一種の舞台として、民主的な政策形成には必要不可欠なものと捉えることが、世界では一般的です。

たとえば米国で1963年にキング牧師が「私には夢がある」と演説したのも、人種差別撤廃を求めて20万人以上がワシントンDCに詰めかけたデモの場でした。最近の事例だと、2015年にベトナムのハノイで、街路樹の大規模伐採に反対し、フェイスブックなどで組織化された一般市民や学生が一斉に街路樹に抱きつくイベントやデモを実施しました。関係者が当局から繰り返し弾圧を受けたものの、最終的に当局が過ちを認め、伐採を阻止できた事例もあります。このように、非暴力直接行動という、ある意味「過激」な方法で民意を表出させることで、初めて問題が解決の方向へと動き出すことは、歴史的にも珍しいものではありません。しかし、たとえばミャンマーで軍事政権が市民によるデモを弾圧し続けているように（2023年5月現在）、残念ながら問題が解決しないこともあります。

最近、気候変動に対する危機感を喚起するため、欧州の若者が美術館に展示されている有名な絵画にトマトスープをぶっかけたり、体を接着剤で貼りつけたりといった「迷惑行為」をおこなう姿がニュースで報道されました。じつは絵画そのものはプラスチックの板で覆われていて、直接の被害はほとんどなかったようで、ある程度計算済みの「パフォーマンス」だったようです。では、実際にこの行動が世の人々に気候変動について考える契機を与えたかというと、むしろ「反発」の反応が多かったように見受けられます。もちろん、未来のためには非暴力直接行動を辞さない姿勢があってもよいでしょう。しかし、それがとくに強い意見も持っていない一般的な中間層から反発を受けてしまっては、逆効果になってしまいます。

コツコツ省エネしても解決しない

「そんなに大層なことをしなくても、企業努力でなんとかなるんじゃないの？」と思われる方もいるかもしれません。

エネルギー自給率の低い日本は、1970年代に原油価格の急騰、いわゆるオイルショックの直撃を受けました。実際、物価の急上昇から銀座のネオンサインの消灯まで、私たちの生活のありとあらゆる側面で影響が出ました。その結果、日本企業では「省エネ」が意識されるようになり、いかに少ないエネルギーでモノを動かすか、という効率性を重視する取り組みが進みました。技術開発の努力が実り、1980年代には日本のエネルギー消費の効率性は世界的に見ても格段に高いものとなり、とくに燃費が非常によい日本車が世界中で爆発的に売れるようになったわけです。

このように、エネルギー消費の形を変えることなく、効率性を改善するという取り組みで日本は大成功を収めたこともあり、気候変動についても、さらに省エネに努力すれば解決するのではないか、という楽観的な考えが出てきてもおかしくはありません。

しかし現在の気候変動問題は、コツコツと省エネを積み重ねて対応できるレベルの話ではないのです。「二酸化炭素の排出量を2割削減する」といったことであれば、たしかにエンジンや発電機などの改良で、十分実現できると思われます。たとえば日本の石炭火力発電の効率性は非常に高く、最新型のIGCC方式では二酸化炭素の排出量が約15％削減されています[※9]。

しかし、現在の国際目標は、2050年までに二酸化炭素の排出量を〝ゼロ〟にする「脱炭素」

［※9］佐々木健「石炭火力発電をめぐる動向」『立法と調査』414、pp.193-202　https://www.sangiin.go.jp/japanese/annai/chousa/rippou_chousa/backnumber/2019pdf/20190701193.pdf（2023年5月24日閲覧）

であって、数十パーセントでもまったく不十分なのです。こうなってくると、いまある技術、いまのやり方をいくらコツコツ改善しても目標達成は到底無理で、まったく違う技術、まったく違うやり方でやりなおすしか手はないのです。

アメリカの経営学者であるクレイトン・クリステンセンは、「持続的イノベーション」と「破壊的イノベーション」の違いを理論化しているのですが、「省エネ」と「脱炭素」の違いも、まさにこれにあてはまります。大企業はすでに市販している売れ筋製品をコツコツ改良することに注力しがちで、これを持続的イノベーションと言います。しかし、消費者が必要としている機能をより安価で効率よく満足させることができる素材や形状がまったく異なる製品、すなわち破壊的イノベーションをベンチャー企業などが開発・市販してしまうと、あっという間に市場が入れ替わるのです。フィルムカメラからデジタルカメラへの入れ替わり、ガラケーからスマホへの入れ替わりなどがこれに該当しますが、省エネ技術と脱炭素技術の違いも、これにあてはまるでしょう。要は、既存の製品や社会経済システムの改良をがんばるよりも、まったく違う製品や社会経済システムの方が気候変動・脱炭素によりよく対応できる可能性があるということです。

化石燃料が人間生活のありとあらゆる側面に浸透している現在、ありとあらゆる人間活動での対策が必要になっています。オゾン層破壊の問題のときのように、特定の分野での対策では解決が不可能です。たとえ発電がすべて脱炭素できたとしても、自動車がガソリンで走っていたら、社会としての脱炭素にはなりません。プラスチック製品が使えなくなれば、新しい素材を見つけてこなければなりません。なにか一つの分野でコツコツと改善すればどうにかなるのではなく、社会全体で、ありとあらゆる活動を全面的に変えなければならないという難しさが、気候変動対策にはあるのです。

抵抗勢力との対立は不可避

脱炭素の過程では、化石燃料に依存する仕事を専門にしてきた人は、職を失う可能性があります。もちろん、化石燃料を使わない新しい仕事が生まれるので、そちらへ転職すればよいのでしょうが、専門知識・スキルの使い道がなくなれば、所得が減ってしまうこともあるでしょう。

企業や投資家も、これまで化石燃料を前提とした設備や技術に投資してきたので、それらが使えなくなると「座礁資産」となります。化石燃料でしか動かない巨大な設備を持っていても、化石燃料が使えなくなってしまっては、ただの巨大な鉄くずでしかありません。船舶が行き先を見誤って座礁して動けなくなるように、将来の見通しを見誤って動かせなくなった設備のことを「座礁資産」と呼ぶのです。脱炭素への対応が鈍く、化石燃料を前提とした設備をたくさん抱える企業が、それら設備の座礁資産化を防ぐためには、社会の脱炭素化に反発し続けるしか選択肢がありません。このように、化石燃料からの脱却によって負の影響を受ける人々や企業は必ず出てきます。

いまの仕事を失いたくない、投資した設備は壊れるまで使いたい、という気持ちはわかりますし、結果として、そのような利害を持った人たちが、脱炭素という動きに不満を持つことは仕方ありません。しかし、そのような企業の言い分をそのまま受け入れていたら、なかなか脱炭素は進みません。残念ですが、対立を回避することは不可能なのです。だからこそ、先ほど見たように、欧州で若者や市民団体の側で、「過激」な運動が広まってきたのですし、そのような混乱は社会が変わる過程では避けようがないのです。

対立や混乱は誰もが望みませんが、かといって、それを回避するために、問題を先延ばしにしていたら、問題はもっと悪化してしまいます。一時的な混乱は不可避だという事実を直視しつつ、その混乱をいかに穏やかなものに収めて、必要な対策へと迅速に乗り出すのか。それがいま、気候変動対策でもっとも重要な課題であり、その解決策が第3章でお話しする、トランジション・マネジメントの方法論なのです。

TRANSITION

日本の人口問題

どうにも止まらない少子高齢化・人口減少

産業革命によって世界の仕組みが変化し、サステナビリティの大問題に直面していることをこれまで見てきましたが、日本国内に限ってみても、少し違ったタイプのサステナビリティの問題に直面しています。それが人口減少です(図4)[※10]。

繰り返しになりますが、産業革命以降、世界全体では乳児死亡率の改善などにより、人口の急激な増加が続いています。日本も同様に、明治維新以降、急激な人口増加が起こりました。1868年の明治維新のころには日本の総人口は約3400万人でしたが、終戦を迎える1945年には7200万人へと倍増しています。

この後、世界的な「ベビーブーム」が起きました。長い大戦の時代が終わり、平和な時代が訪れたことから、世界中の先進国の人々が安心して子どもをつくるようになったのです。日本の場合、合計特殊出生率の統計が公表されるようになった1947年には4・54に達していました[※11]。しかし、10年後の1957年には合計特殊出生率が2・04にまで減少し、ひと段

[※10] 総務省統計局「第七十二回日本統計年鑑　令和5年」https://www.stat.go.jp/data/nenkan/index1.html、厚生労働省「令和3年(2021)人口動態統計(確定数)の概況」https://www.mhlw.go.jp/toukei/saikin/hw/jinkou/kakutei21/index.html
[※11] 15～49歳女性の年齢別出生率(＝各年齢の女性のうち、出産した女性の割合)の合計。

図4　日本の人口と合計特殊出生率

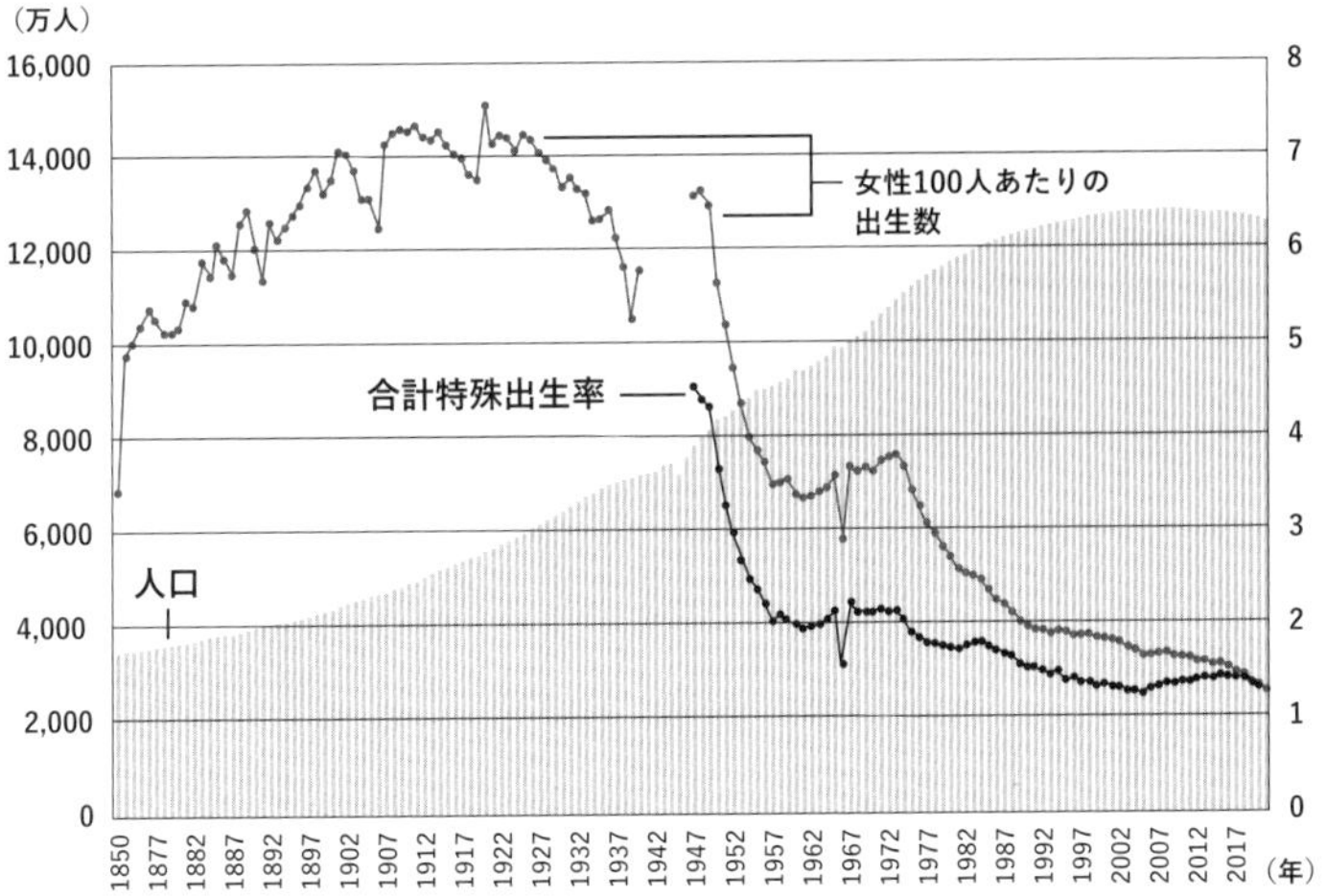

落を迎えます（合計特殊出生率が2・07を超えると人口増加につながると言われています）［※12］。この期間に生まれた人たちがいわゆる「団塊世代」「ベビーブーマー」となります。その後も、医療の進歩により、成人・高齢者の死亡率低下が続いたため、平均寿命は延び続け、日本の総人口は増加を続けました。

しかし医療の進歩にも限界があるほか、合計特殊出生率も1970年前後に2・15あたりから低下し続けたため、1980年代ごろから総人口の伸びが急速に鈍化します。そして2004年に1億2784万人でピークを迎え、以降、減少を続けています。世界全体で見れば、産業革命以降の急速な人口増加はいまだに続いているのですが、日本に限ってみると、そのピークを越えて、次の局面に

［※12］内閣府「令和4年版少子化社会対策白書　全体版」https://www8.cao.go.jp/shoushi/shoushika/whitepaper/measures/w-2022/r04pdfhonpen/r04honpen.html

入っているのです。

人口減少の議論では、合計特殊出生率を高める政策を打つことで問題を解決できるのではないかという話があります。しかし、少なくとも現在の日本に関しては、**たとえいますぐ合計特殊出生率が2を超える水準まで高くなったとしても、人口減少は当面は改善しません。**なぜなら、現在は出産する世代の人口がすでに減っているだけでなく、団塊世代の多くが亡くなる時期を迎えているからです。

人口減少の現場

団塊世代が多く居住している大都市郊外では、平成、令和になってから、さまざまな問題が生じています。日本では戦後、東京・大阪など大都市圏に流入する団塊世代の受け皿として、大量の住宅が供給されました。政府も国策として、日本住宅公団などの特殊法人を通じ、ニュータウンなどの住宅地開発を進めてきました。海外の大都市化では、住宅供給不足で「スラム」が発生することは珍しくありませんが、日本は住宅地開発によってスラムの発生を比較的うまく抑え込むことができました。スラム抑止という側面では、都市計画の成功事例と言うこともできなくはありませんが、別の側面ではいま、この住宅ストックが問題になっています。

団塊世代の方が亡くなっていくことで、昭和に建てられた住宅が「空き家」となりますが、その空き家に転入する若者は、残念ながらあまりいません。そもそも人口として、団塊世代のほうが人数が多いので、絶対に空き家がうまれます。さらに、ライフスタイルが変化したことで、昭和の居室サイズや水回り環境などでは、いまの若い人のライフスタイルにフィットしないのです。最近は、リノベーションといった内装の大改造を通じて、魅力的で安価な住宅を供給する取り組みが広まってきていますが、まだまだ「あたりまえ」にはなっていません。しかも、阪神・淡路大震災後に建築物の耐震基準が大幅に強化されたので、古い建築物には耐震性の不安も残ります。

こうしたことから、古いマンションやニュータウンの戸建住宅が、さまざまな問題の温床になっているのです。「空き家」が放置されると、庭の草木が生い茂ったり放火などの危険もあります。マンションの場合も、建て替えをしようにも管理組合の合意形成が困難で、さらに劣化が進んで資産価値が低下し、どうしようもなくなるという悪循環に陥ります。昭和であれば、人口増加があたりまえで、地価も上昇することがあたりまえでしたので、空き家はできなかったし、マンション建て替えも可能だったのでしょうが、もはやそれもできない「〝負〟動産」となってしまっているのです。

人口増加が前提の日本の仕組み

このように、住宅だけを見ても、人口増加、地価の上昇を前提とした仕組みが残っているため、破綻の様相を見せています。しかも、これから人口が減少することがわかりきっているにもかかわらず、いまだに郊外住宅地の造成は進められ、都心部ではタワーマンションが増え続けています。どう考えても住宅ストックが余ることは目に見えているのですが、建築業者は一軒でも多く売りたい、消費者は新しい家が欲しい、銀行は少しでも多く住宅ローンでお金を貸したい（そして利息を得たい）、政治家は金利を上げて不景気になるのが怖い、そして投資目的で購入する人たちもいる、といった状況のなかで、住宅の新築はどうにも止まらないのです。しかし、住居を必要とする人口は逆にこれから減少する一方なので、結局は「未来の空き家」をせっせと量産しているのが実態なわけです。

最近、「二地域居住」といって、自宅だけでなく、地方都市などにもう一つの家を持つことが、国の政策としても進められるようになってきました。また、「関係人口」といって、地方部で定住する人口が減っていても、たまに都会から別荘住まいのように訪れる人がいたらそれを人口としてカウントする考えも出てきています。これらも、余った家を「埋める」ためのひとつの方法でしょう。しかしみんなが新しい家に住みたいのであれば、古い家、古い町をこれから

[※13] たとえば東京都立大学の饗庭伸先生は都市を「たたむ」という概念で、利活用の可能性を模索しています。

どうしていくのかという議論が必要になるはずです[※13]。

また、人口に占める高齢者の割合が高くなるということは、高齢者を支える諸制度が従来と同じ形で機能しなくなります。「常識」も改めなければならなくなるでしょう。年金についてはマクロ経済スライドといって、早めに支給額を減らすなどの調整をはじめることで、制度そのものが破綻しない仕組みに改められてはいます。しかし年金がもらえたとしても、インフレで物価が上昇するのに支給額が減るのであれば、生活は厳しくなります。昭和のころには定期預金の金利も高く、せっせと貯蓄していた団塊世代はいまごろ、余裕の生活を送れているはずです。しかしこれからの世代は、金利が限りなくゼロに近い銀行にお金を預けているだけでは、自分が高齢者になったときの生活の足しにならないことでしょう。かといって、貯金から投資に移せば儲かるかといえば、リスクがあるので、誰もが安心して銀行に預けておけば老後の資金を蓄えられた昭和とはまったく違う世界が展開せざるをえないでしょう。

そもそも高度経済成長は、戦後のベビーブームに伴い一時的に生産年齢人口（15歳～64歳の人口）の割合が急激に高まり経済活動が活性化する「人口ボーナス」と呼ばれる現象も一因でした[※14]。しかしこれはカンフル剤のようなもので、一時的な効果しか見られず、その後は経済が停滞する「人口オーナス」期に突入します。これから私たちはこの「人口オーナス」の時代を生きていかなければなりません。いまだに「悠々自適の年金生活」を送る高齢者のイメージ

[※14] 松谷明彦（2004）『「人口減少経済」の新しい公式』日本経済新聞社

は残っていますが、徐々にそれも忘れ去られることでしょう。

「移民」も仕組みを変える

こうなってくるともう、日本全体で人口減少を前提とした社会経済システムに変えるしかありません。当然、出生率を上げるための、子どもを産みやすい、育てやすい政策や環境整備は必要でしょうし、それで状況が少しは改善することでしょうが、人口減少というトレンドの抜本的解消は当面、ありえないわけです。

そこでよく話題に上るのが、海外からの「移民」の受け入れです。いま日本に住んでいる人たちによる出生で人口規模を維持できないのであれば、海外から人々を呼んで、生産年齢人口の減少を埋め合わせすればよいというのも、数字の帳尻合わせという意味では、理にかなっているかもしれません。実際、もともと欧州からの移民によって発展してきたアメリカ合衆国をはじめ、他の欧米諸国でも、移民を長年受け入れてきた歴史があります。とくに欧州では、以前の植民地政策の影響があり、旧植民地だった国々からの移民が多く定住しています。必ずしも人口減少対策が目的の政策ではありませんが、移民そのものは海外では長い歴史があるのは事実です。

しかし日本は、過去に移民を送り出してきた経験はあるものの、受け入れに関しては非常に慎重な姿勢を取り続けてきました。もし人口減少対策として移民を受け入れる政策を導入するとなると、それは入国管理局の事務手続きといったレベルの問題ではなく、社会全体の仕組みを変えるレベルの問題でしょう。

日常生活では、小学生以上であれば日本語の読み書きができることを前提として社会が成り立っていますが、それができない大人でも生活できる社会へと変わらなければ、受け入れができません。実際、工場労働者として南米出身の方々が多数居住する群馬南部の大泉町などでは、町にポルトガル語の看板が立ち並び、日本語ができなくても生活できる環境ができています。もちろん日本語を覚えてもらえればよいのですが、成人してから新しい言語を習得する難しさは誰もが知っているところです。人口減少対策として移民を受け入れるのであれば、多言語でのコミュニケーションに社会の側が対応する必要があるのです。

移民を受け入れるということは、社会システムを変える必要がありますし、国自身が変わる覚悟も必要なのです。だからこそ移民の受け入れに関して、日本はずっと慎重姿勢を取り続け、欧州でも移民受け入れに反対する政党が票を伸ばしているのでしょう。受け入れてからあとで「やっぱり変えないほうがよかった」というのは、将来世代や移民の方々に大きな迷惑をかけることになります。移民の受け入れがどのような影響をもたらすのか、国民全体でよく考えて、納得しておく必要があるのです。

他方、人口減少を移民で補填して維持するのではなく、そもそも人口減少を前提とした社会に仕組みを変えることもできるでしょう。人口が減少すれば、自然と経済の規模、市場は縮小してしまうので、国際競争に不利な環境でも生き残れる社会の仕組みを考える必要があります。

経済の冷え込みを前提にした仕組みの転換

生産の規模が大きければ「規模の経済」が機能して、収益性は向上しますが、小さくなればそれが機能しなくなり、効率が悪くなるのが経済学の原則です。たとえば1クラスの生徒が40人いても、10人しかいなくても、先生は1人必要ですから、生徒が10人しかいなくなってしまうと効率が悪くなります。

このように、人口増加があたりまえの時代であれば放っておいても効率性は向上していたのですが、人口減少があたりまえになるとどんどん効率性が悪化して、いろいろなものが機能しなくなるのです。例に挙げた学校も、地方部で廃校や統合が進んでいるのは、まさにこうした理由からです。

引き続き学校の例で考えてみると、このまま統廃合を進めることが持続可能な解決策かというと、そうでもなさそうです。居住地選択の自由がある以上、今後も地方に子どもが住んでいる可能性は十分ありえます。しかし学校の統廃合が進むと、そのような子どもは学校まで長時間かけて通学することになりかねません。統廃合ではない、抜本的な解決策を考えたほうがよさそうです。

たとえば、学校に集まって教育を受けるという「あたりまえ」を変えてもよいのかもしれません。これだけインターネットが普及して、通信速度もどんどん改善しているわけですから、自宅でのオンライン受講を前提にしてもよいでしょう。もちろんそのような「あたりまえ」の転換には大きな不安が伴います。自分は学校でクラスのみんなと一緒に成長してきたんだから、子どもたちにも同じ体験をさせたいというのが、多くの人の親心でしょう。しかし、**人口減少が進む以上、人口増加を前提とした既存の社会システムは、もはや機能しないのです。**

「高齢者」の定義のアップデート

昭和のサラリーマンであれば、60歳で定年を迎えて、その後は年金暮らしが「あたりまえ」でした。しかし、人口増加を前提に運営してきた国民年金や厚生年金のシステムは修正を余儀なくされています。長寿命化で受給者はさらに増え続け、少子化で支払者は減り続けるのですから、金融投資などで原資を増やすにせよ、どこかでお金が尽きる危険は常に存在します。受給開始年齢の引き上げなど、さまざまな対策が進められていますが、本質的に「高齢者」や「年金暮らし」という思考自体も見直さないといけないのかもしれません。

実際、現在65歳の人に「高齢者」というイメージを抱くことはめったにないでしょう。70代、80代でもまだまだ、40~50代と変わらない生活をしている人たちだっているわけです。健康に関する科学や医療の発展などにより、「高齢者」の健康状態がかなり改善してきたにもかかわらず、65歳以上を「高齢者」と定義する社会の古い仕組みがアップデートされていないわけです。

人口減少に対応するためには、こういった昭和のあたりまえを抜本的に変えていく必要があるでしょう。そもそも終身雇用の制度自体が徐々に崩壊してきていますが、「定年」という概念もそろそろなくなるのかもしれません。若いうちに貯金をため込んで、40歳くらいから不労所得を中心に生活していくような生き方も最近は流行しているようです（現実にそれがどの程度実現・持続可能なことかは検証の必要がありそうですが）。逆に70歳になってもいままでどおり働き続けることに生きがいを感じる人だっているわけです。やりたくもない労働に亡くなるまで強制的に従事させるというのは（高齢であれ若年であれ）ひどい社会のように思いますが、個人がやりがいを感じる仕事、たとえばのどかな地方部で技能を生かした仕事をのんびりと「終《つい》の仕事」としてこなすのも悪くない人生でしょう。つまり社会全体として、ある特定の年齢でなかば強制的に労働を止める「定年」というあたりまえが崩壊しはじめているのです。それにともなって、従来の高齢者像とはまったく異なる**「シン・高齢者」**へのトランジションの加速が

図5　上勝町の年齢別就業者数

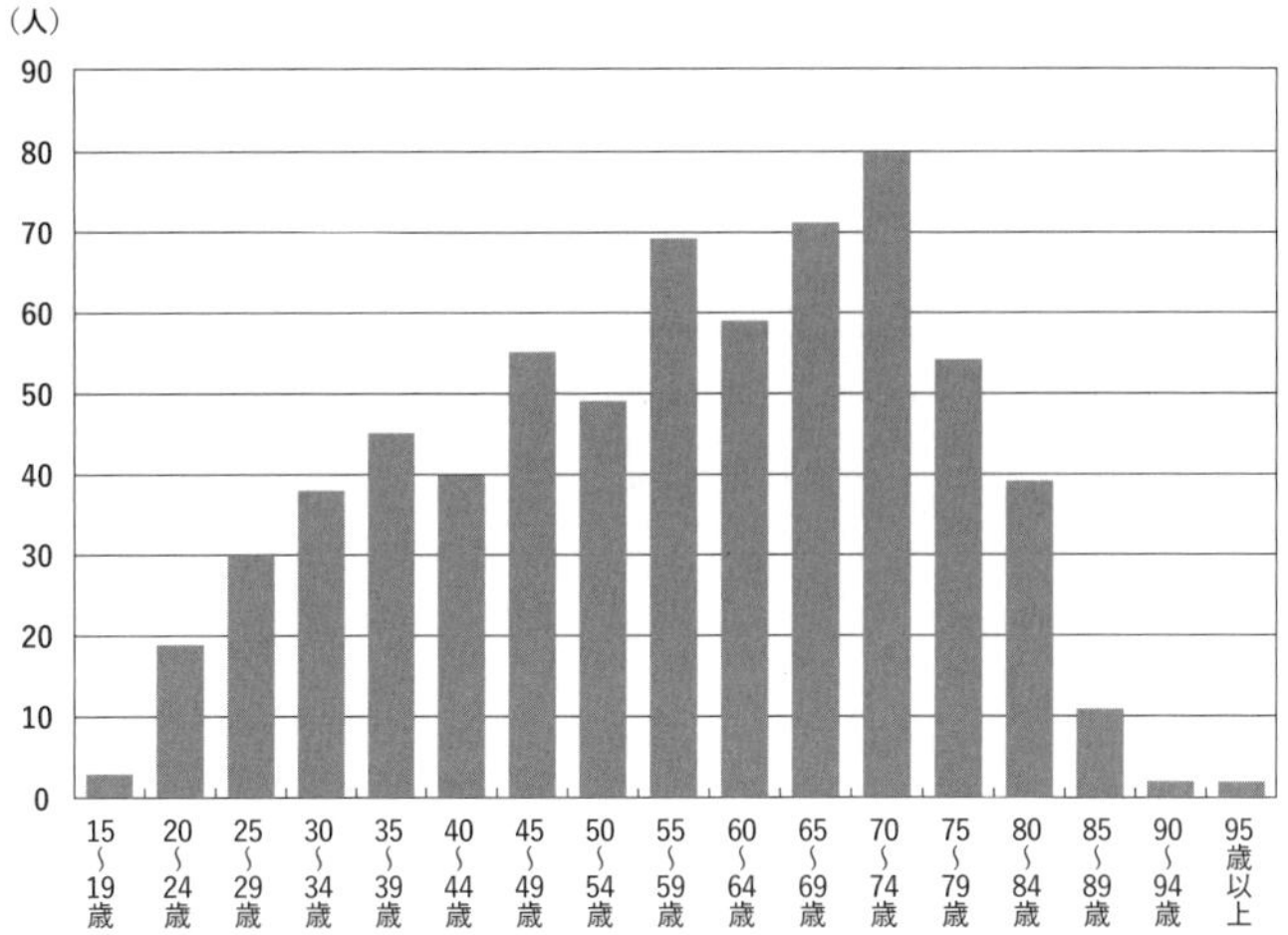

必要なのかもしれません。

山間部では、昭和の時代からすでに少子高齢化に直面してきました（以前は「過疎」という単語を使っていました）。大学進学などを契機に、青年層が都会に流出しつづけ、最終的に集落に残っている住民は高齢者ばかり、という状況は、決して最近になってはじまったわけではありません。

たとえば、筆者がフィールドワーク調査をしている徳島県上勝町の人口データを見てみると、おもしろい事実が見えてきます。若者人口の流出が長年続いてきたことから、65歳以上の人口の割合（高齢化率）は60・2％に達しています。しかし、従業者の年齢構成を見てみると、なんと70歳代にピークが見られます（図5）［※15］。どういうことかというと、

［※15］総務省統計局「令和2年国勢調査結果」https://www.stat.go.jp/data/kokusei/2020/kekka.html

「高齢者」というとすでに退職して、体も自由に動かず、隠居として家に籠っているイメージがあるかもしれませんが、上勝町では高齢者でもふつうに働いているのです。どうしてこうなるかといえば、農林水産業などの一次産業に従事している人がもともと多いこともあり、後継ぎがいなければ、高齢者が体力の続く限り従事するようになるので、このような形になるのです。

大都市では会社勤めがあたりまえになり過ぎているので、60歳とか65歳とかで誰もが定年になって、仕事をやめて「高齢者」になるのが当然のように思われがちですが、すでに人口減少を経験してきた過疎地では、むしろ仕事をし続けることがあたりまえになりつつあるのです。

本章では、気候変動と人口減少を軸に、目前の問題解決ではなく、抜本的な仕組みを変える必要性を述べてきました。次章では、「トランジション」の理論を紹介することで、なぜこのような「仕組みの入れ替え」が必要なのか、よりくわしく説明していきます。

コラム① 気候変動と地政学リスク

もし化石燃料を利用できない社会へとトランジションすれば、極端な話ですが、化石燃料には値段がつかなくなります。需要が減れば価格は低下するのが、ミクロ経済学の基本です。しかし、脱炭素の過程では、一時的に化石燃料の価格が暴騰する可能性があります。なぜでしょうか。

たとえば私たちが利用しているガソリンは、中東など海外で採掘され、タンカーで日本まで運ばれて、製油所で精製されてから、タンクローリーでスタンドへ運ばれています。私たちが消費するエネルギーはさまざまな工程を経て、届けられています。

脱炭素化が達成すれば、こうした化石燃料のための施設は無用の長物、つまり「座礁資産」になります（第1章参照）。いま、この座礁資産を抱え込むことを避けるため、化石燃料に関係するさまざまな企業は、新たな設備投資を控えたり、早めに施設を廃止したりする動きが出てきています。またESG投資といって、銀行や投資会社が、化石燃料を引き続き使う企業への投資を止める動きを見せています。

結果として、化石燃料の需要の減少よりも速いペースで供給の減少がはじまっています。需要が減っても、それ以上に供給が減れば、当然、価格は上昇します。ですから、脱炭素の過程で一時的に燃料価格が上昇する可能性があるのです。またこれらの施設は巨大な設備であることが多く、たとえ一カ所の廃止でも影響が大きく、万が一どこかの施設で故障が起きれば、市場への供給が極端に減るなど、価格の不安定さが高まるのです。

こうして化石燃料の市場規模が縮小すれば、相対的に低コストの供給源のみが生き残りますが、それはよりによって、ロシアや中東など、政治的に難しい地域に偏在しています。結果として、価格変動リスクだけでなく、いわゆる「地政学リスク」も高まります。一瞬で脱炭素が実現すればよいのですが、ロシアによるウクライナ侵攻と欧州の燃料危機を見ればわかるとおり、その過程ではむしろ、ロシアや中東の政治力が強まってしまう危険があります。しかしまた、甚大な災害をもたらしうる気候変動の回避も必須です。戦争の回避と同じく、脱炭素は人類社会がやりとげなければならない共通目標なのです。

第2章

トランジションの可能性

TRANSITION

どうして社会の仕組みを変える必要があるのか？

大規模で長期にわたる課題

気候変動や人口減少の問題は、目前の問題をコツコツと解決していくだけでは解消できないことを、第1章で述べました。みなさんが日常経験する世の中の多くのことがらは、だいたい、目の前にある問題をきちんと分析して、解決策を考えて、実行すれば、それで解決したと考えてよいものです。たとえば、2010年ごろに保育所の不足が大きな社会問題になりましたが、その後、保育士の待遇改善などいろいろな取り組みがおこなわれ、待機児童はかなり減っています（まだ解決したとまでは言えませんが）[※16]。他にも、交通事故の死者数も、1959年から1万人超、1970年以降は1万6000人超という深刻な問題になっていましたが、1990年代から自動車本体の安全性能が大幅に向上し、最近ではレーダー技術等を使った自動停止装置なども装備されるなど、改良が続けられた結果、2022年は2610人まで減少しました[※17]。

気候変動も同じように解決できると思いたくもなります。しかし、産業革命以降200年以

[※16] 厚生労働省「令和4年4月の待機児童数調査のポイント」 https://www.mhlw.go.jp/content/11922000/000979629.pdf

上続いてきた社会の根幹をなす化石燃料の利用を止めなければならないので、保育所不足や交通事故などに比べて、対策の規模や影響が次元の違う規模になります。そもそも、保育所や交通事故の問題は、日本国内に限った問題ですし、保育所などはとくに都市部に限定された問題です。一方、気候変動は世界全体の問題です。日本だけ「脱炭素」に成功して、温室効果ガスの排出を完全に止めたとしても、海外の国々がいままでどおりに排出を続けていたら、気候変動の問題はまったく解決しません。地球上すべての国々、人々が同時に取り組まなければならない、とんでもなく難しい問題なのです。

人口問題は、日本国内に限った問題と言えるかもしれません。しかし、人間という、社会を構成するもっとも基本的な要素の数が増加から減少傾向に移るということは、社会のありとあらゆる仕組みに影響を与えます。保育所不足や交通事故は、子育てや移動といった、人間活動のある特定の側面に関する問題です。しかし人口減少は、当然子育てや移動にも影響しますし、食糧生産、経済活動、まちづくり、国土防衛など、ありとあらゆる分野に影響をもたらします。

このように、**気候変動や人口減少は「問題を切り取る」ことが難しいのです。**「問題を切り取る」ことができれば、担当者を決めて、解決のための技術を開発して、導入すればよいでしょう（実現の難易度は別として）。しかし、「地球全体に関わる気候変動問題」や「日本社会すべてに関わる人口減少問題」など、物理的な空間や、領域を切り取れない問題は、非常に厄介です。

[※17] 警察庁「令和4年中の交通事故死者数について」 https://www.npa.go.jp/news/release/2023/20230104001jiko.html

このような問題を、社会システムの研究者はシンプルに「厄介な問題（Wicked Problem）」と言います[※18]。問題が切り取れれば科学的な研究・対策が可能ですが、問題が切り取れないと、科学的な対策の取りようがないのです。

社会を抜本的に変えるための「力」

大きな課題を解決するということは、それだけ、大きな「力」が必要になります。従来の仕組みはそれなりの理由があって存在しているので、より優れた仕組みを導入するためには、従来の仕組みをいったん解体することが必要になります。社会の仕組みを変えるのは、図6の**巨大な玉転がし**のようなものです。より優れた仕組みへと移るためには、一度、高い山を越えないといけないのです。現在の仕組みから新しい仕組みへと、私たちの社会という巨大な玉を転がそうとしても、現在の仕組みのなかで最適化を図ろうとする、つまりコストや労力を最小化して利益を最大化しようとする力が玉に作用して、現在の仕組みへ戻ろうとします。山の頂上まで玉を押し上げられれば、あとは一気に新しい仕組みへと玉は転がりはじめるはずです。

解決しなければならない課題の規模が小さければ小さいほど（たとえば、ある町で保育所を整備するなど）、玉も小さいですし、山も小さいので、少人数で簡単に玉を転がすことができます。しかし、気候変動のように、世界中で一気に転がさなければならない玉となると、その大きさ

[※18] Rittel and Webber (1973) "Dilemmas in a General Theory of Planning" *Policy Sciences*, 4 (2), pp. 155-169

図6　課題解決は玉転がし

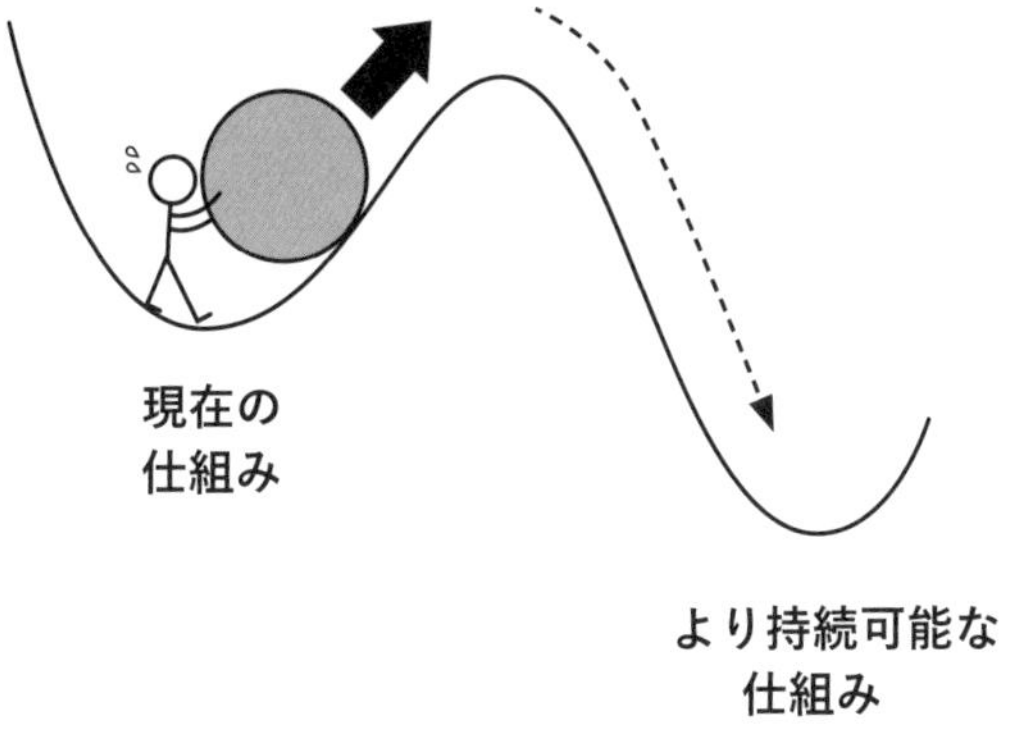

たるや巨大で、また山もかなり高いので、それなりの「力」をかけないと、なかなか動きません。

　玉を動かすためには、動かそうとする力が必要ですし、また山を削ることも必要でしょう。動かそうとする力とは、地球上の人々の、新しい谷へ玉を転がそうという気持ちです。大多数の人が動かそうと思っても、向こう側に玉が転がってしまうと損をする人がいたら、転がるのを止めようとするでしょう。山の高さは、技術力や政治の力で少し削ることができます。たとえば、気候変動対策で、電気自動車にみんな乗り換えたほうがよいとしても、電気自動車の値段が高ければ消費者も躊躇し、売れなければ経済学の法則で値段は高いままです。そこで、技術開発で電気自動車の価格を下げたり、政府が補助金を出して消費者が払う金額を減らしたりすることで、後押しできるでしょう。こうして「山」を少し削ることで、玉が動きやすくなるのです。

低確率高ハザードのリスク

社会の仕組みを変える必要がある問題は、じつは目の前で起きていない問題であったりもします。読者のみなさんのなかで、気候変動でなにか具体的に困っている、という人はかなり少ないと思います（もちろん、農林水産業などですでに大きな影響に直面されている方もいるでしょう）。なので、いますぐ対応しなくてもいいや、と思いがちです。不安定な国際情勢で、為替レートの変動やエネルギー価格の高騰など、いますぐ対応しなければならない、目前の問題がたくさんあるなかで、目に見えない気候変動の対策を考える余裕などないかもしれません。

とくに自然災害は、毎日、少しずつ起きるものではなく、忘れたころにとんでもない規模で起きるから、大きな災害になるわけです。ですから、発生確率はきわめて低い事象ですが、一度起きてしまうと、その被害の規模（ハザードと言います）は非常に大きなものとなります。このように、低確率で高ハザードの危険性《リスク》に対し、私たちが事前にきちんと対策をとっておくこと、それこそが社会の仕組みを変えなければならない課題だとも言えます。

日本の場合、国内で地震災害が多いので、いざというときに備えて、建築物を頑丈にしたり、避難訓練をしたり、いろいろな準備が普段から進められています。しかし、この数年、巨大台風による被害が急増しました。たとえば2019年には台風15号、19号が相次いで東日本を襲い、大きな被害をもたらしましたし、線状降水帯による集中豪雨により、全国各地で洪水による大変な被害が毎年のように生じています。これらの異常気象の原因が人為的気候変動によるものかどうかは、いまだにはっきりしないのですが、もし長期的な気候変動（海水温の上昇など）が一因なのであれば、これからも同じような被害、いやそれ以上の被害が予想されます。だからこそ前倒しで災害対策が必要なわけですが、自分の街は水害にあってないからいいや、それよりも他にやらなきゃいけないことあるよね、となると、想定外の巨大台風が頻繁にやってくるようになったころには、手のつけようがなくなっているのです。

先延ばし症候群

人間の性質として、社会の仕組みを変える対応を先延ばしにしてしまいがち、という事実を認識しておかなければなりません。災害の備えを1年程度先延ばしにしても、誰も困らない可能性が高いのです。ならばもう1年、さらに1年、と放置してしまうのが人間の性。そうして、問題が目に見える形になってきたころには、もう手のつけようがないほど深刻になってしまうのです。

そんなことはない、と思うかもしれませんが、誰もが夏休みの宿題でそうした経験があるのではないかと思います。7月はまだまだ余裕、と思って思いっきり遊んで、8月になるとお盆でダラダラして、8月末が近づいてきてようやく焦る……。よくあるパターンですよね。

子どもが宿題で慌てるのは、まだ微笑ましい光景かもしれません。しかし、社会が気候変動や人口減少に対応せず、問題が深刻化してから社会がパニックに陥る様は笑えません。カエルを熱湯に入れるとビックリして飛び跳ねて逃げるけれども、カエルを水に入れて徐々に水温を上げていくと、カエルは逃げることなくいつの間にか茹でられて死んでしまう、という話を聞いたことがあるかもしれません。これは科学的には事実ではないようですが、このたとえ話がいろいろな場面で使われるように、問題解決を先延ばしにしているうちに、じわじわと問題が蓄積して、いつの間にか誰にも解決できない深刻な問題へと発展することは、いろいろな場面で人間社会が経験してきたのでしょう。

気候変動の分野ではいまだに〝climate denier（気候変動否定論者）〟といって、人為的気候変動など起きることはないと主張する人たちもいます。ソーシャルメディアの普及により、科学的事実とはかけはなれた意見が反響し合って（エコーチェンバー）、極端で非科学的な意見を持った集団の形成が容易になってしまいました。その一つが〝climate denier〟の集団で、小規模な集団であれば気にする必要もないのでしょうが、トランプ前大統領のように、気候変動の存在を否定することでそのような集団からの支持を得ようとする政治家まで出てきてしまっています。気候変動は、アル・ゴア元副大統領が書名にしたとおり、まさに「不都合な真実（An Inconvenient Truth）」です[※19]。その不都合な（科学的）真実を見せつけられて、必要なトランジションに取り組むのが本来の社会のあるべき姿でしょう。しかし、子どもじみた人間ならば、その認知的不協和（自分の信じていることと、与えられた情報の間の矛盾によって生じる心理的ストレス）に耐えることができず、「気候変動など存在しない、陰謀だ」といった言説の心地よさに飛びついてしまうのでしょう。

トランジションを必要とする問題は、往々にして、人々がストレスを感じる問題です。なぜなら、**自分自身がこれまでおこなってきたこと、あたりまえに思ってきたことを、変えなければならない**からです。だからこそ、科学的な事実を直視して、面倒かもしれないけれども、いまからできることをはじめなければならないのです。

[※19] アル・ゴア（2007）『不都合な真実』枝廣淳子 訳、ランダムハウス講談社

TRANSITION

社会とは「システム」である

大きなピタゴラ装置

ここまで、読者のみなさんが普段体験している問題などを例に社会の仕組みを変える必要性を述べてきましたが、もう少し学術的な観点から説明してみようと思います。

まず、**社会は「システム」**だということを理解してください。そもそも、システムとはなんでしょうか？　ピタゴラスイッチというＮＨＫ Ｅテレの人気テレビ番組がありますが、あの有名な「ピタゴラ装置」は、まさにシステムのひとつです。指先で装置を突っつくと、いろいろな装置を通じて動きが連続的に伝達されて、最終的にゴールのところで旗が立ったりボールが落ちたりしますよね。ピタゴラ装置は、回ったり、転がったり、たくさんの「要素」となる装置があって、それが組み合わさって成立しています。またそれぞれの「要素」には「入力」と「出力」があって、たとえばスイッチを押す（入力）と、ボールが出てくる（出力）といった要素になっています。こうした複数の「要素」を組み合わせてできあがっている仕組みが「システム」なのです。

図7　人口の増減システム

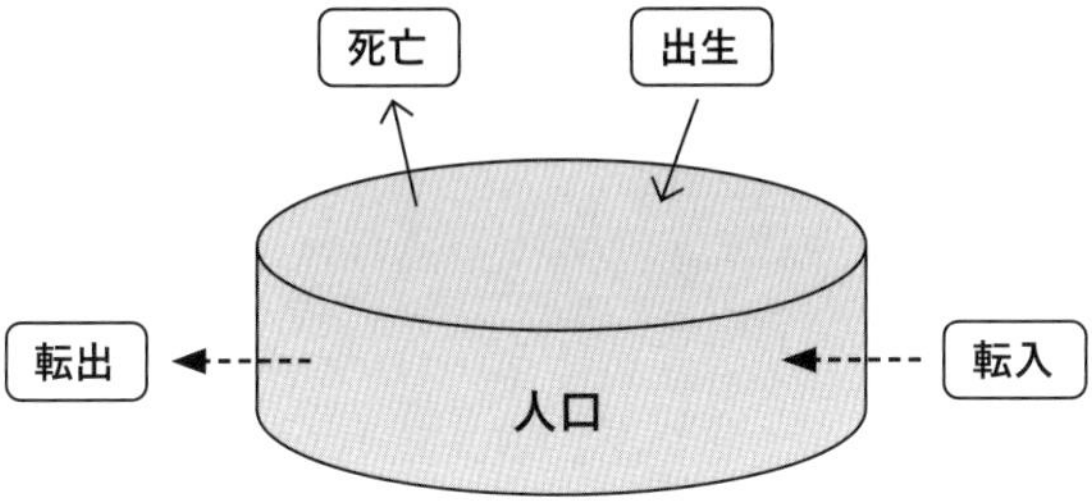

じつは、社会のいろいろなできごとも、ピタゴラ装置と同じように、システムとして成り立っています。たとえば人口問題ですが、「出生」と「転入」によって人口が増え、「死亡」と「転出」によって人口は減ります。増えた人数と減った人数が同じなら、人口は変化しませんし、増える人数よりも減る人数のほうが多いから、人口減少になるのです。総人口は、こんなきわめて単純なシステムで決まるのです（図7）。なお、少子高齢化について考えるのであれば、年齢ごとに「要素」を設定しなければならないので、もうすこし複雑なシステムを考えなければなりません。また、いま生きている人たちしか出産できないのですから、「出生」は基本的に現在の出産可能な女性の人口によって制約を受けます。

アンバランスなシステムは崩壊する

総人口が大きく変化せず、安定していることが持続可能で望ましいと考えるのであれば、「出生」と「転入」の合計と、「死亡」と「転出」の合計がほぼ同じになるシステムをつくらなければなりません。日本の場合、ちょうどこれから団塊世代の多くが亡くなりはじめるため、今後「死亡」が増えます。そして、子どもを2人以上つくらない家庭が多いことから「出生」が減るため、結果として人口は減ります。総人口を安定させたければ、「出生」と「転入」を増やすか、「死亡」と「転出」を減らすしかありません。政策的に「出生」を増やすのは容易ではないので、「転入」、つまり海外からの移住者(移民)を増やすべきという意見が出てくるのです。もちろん、「そもそも総人口を安定させる必要があるのかどうか?」という議論はあるでしょうが、もしもその目標を是とするのであれば、私たちの社会が選ぶ選択肢は、かなり限られているのです。

また、温室効果ガスによる人為的気候変動も「気候システム」のバランスが崩れるから起きてしまう問題です。地球には太陽から赤外線の熱が降り注ぎますが、夜にはその熱が逆に宇宙へと放射されます(図8)。もしも地球に大気が存在しなければ、太陽からの熱の量よりも、地球から放射される熱の量が大きいので、現在と比べて冷たい惑星になります。しかし、大気中

図8　地球の気候システム

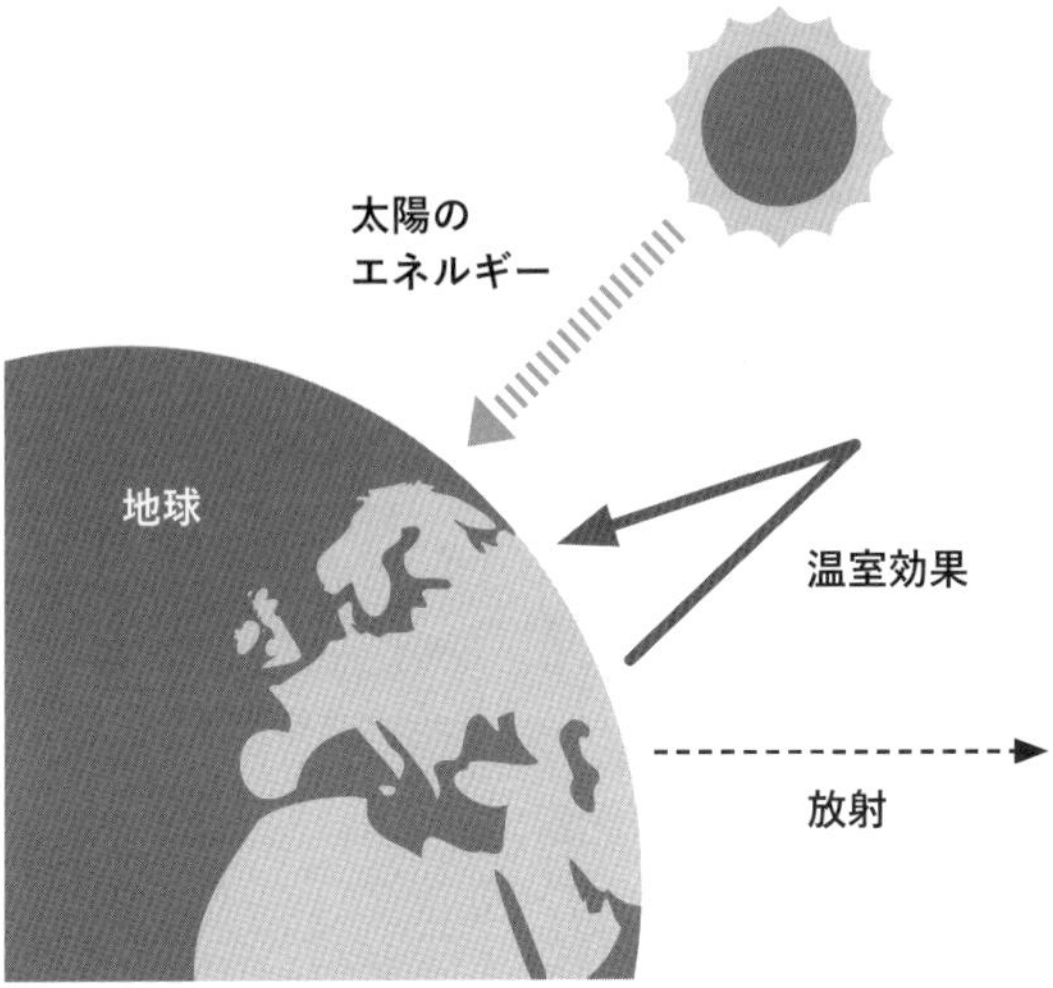

には地表から放射された熱を取り込んで、その一部を地表に送り返す物質（温室効果ガス）が混じっています。太陽からの熱という「入力」と、温室効果ガスによって抑制された地球からの熱放射という「出力」のバランスがちょうどとれていたから、地球上の平均気温は、私たち人類にとってちょうどいい温度で安定してきたのです（数万年のスパンで見れば、自然のバランスが変化して氷河期を迎えることもあります）。

二酸化炭素も温室効果ガスです。産業革命以降、人類が二酸化炭素をたくさん大気中に放出した結果、温室効果が強まり、地球から宇宙へと出ていく熱の放射（出力）が弱まりました。結果として、地表に熱が溜まるようになり、平均気温が上昇し、気候が大きく変わる状況に至っています。以前は、このような気候システムについて人類は理解しておらず、化石燃料を気にせずに使ってきました。しかし、このシステムの存在を知り、そのバランスを保たないと大変なことになると、過去50年程度の研究ではっきりしました。

このように、社会を動かしているシステムというものは、往々にして巨大で、個人のちょっとした努力ではほとんど変化しません。第1章で述べた、産業革命以降の化石燃料に依存した社会経済システムも、まさに「システム」の一つです。だからこそ、システムを理解し、システムの中で問題がある要素を特定し、必要に応じてそれを大胆に変える必要があるのです。

TRANSITION

マルチ・レベル・パースペクティブ（MLP）

構造とエージェント

社会の仕組みの変化を語るときには、「マルチ・レベル・パースペクティブ（Multi-Level Perspective）」略してMLPという考えを理解する必要があります。これは、フランク・ヘールスという社会システムの研究者が2002年に提唱した概念です。片仮名16文字だとちょっととっつきにくいかもしれませんが、そんなに難しいことではありません。日本語では「多層的視点」と訳せるでしょうか。

このMLPの説明に入る前に、社会学の基本的なものの考え方として、「構造」と「エージェント」[※20]の2つのレベルが挙げられます。私たち個人は「エージェント」で、さまざまなルールや「あたりまえ」に従って、行動しています。そのルールやあたりまえのことを「構造」と呼びます。エージェントは、構造に従って行動します。たとえば、私が道路を素っ裸で歩いていたら、誰もがおかしいと思うし、警察に捕まるでしょう。エージェントである私が、「裸で路上を歩かない」という構造に不適合だから、みんなが白い目で見たり、警察につかまったりす

[※20] エージェント（agent）は「行為者」と訳されることもありますが、本書では「エージェント」と表記します。

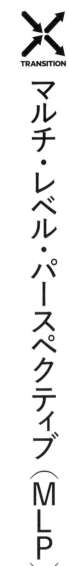

図9　ギデンズの構造化理論

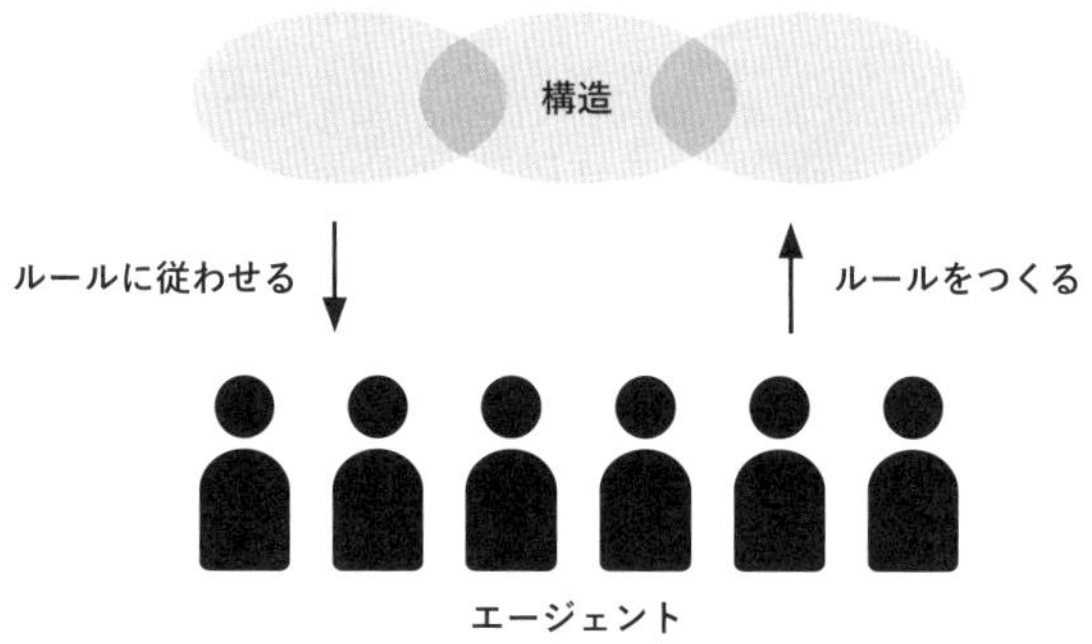

るわけです。他方、その構造も、エージェントの意思によって変化することがあります。たとえば、昭和の時代は職場でスーツを着るのが当然でしたが、クールビズが普及して、いまや新しいあたりまえが広まっています。環境省が後押ししたのもありますが、むしろオフィスで働くみなさんの服装が徐々に変化してきたことで、職場の適切な服装に関する「構造」が変化したのです。このように、エージェントは構造に従って行動しますし、構造もエージェントの意思で変わります。このお互いに影響を与え合う関係を「再帰性」と言って、とくに構造とエージェントの関係については「構造化理論」として、アンソニー・ギデンズという社会学者が定式化しています（図9）[※21]。

[※21] アンソニー・ギデンズ（2015）『社会の構成』門田健一 訳、勁草書房

図10　MLP（マルチ・レベル・パースペクティブ）

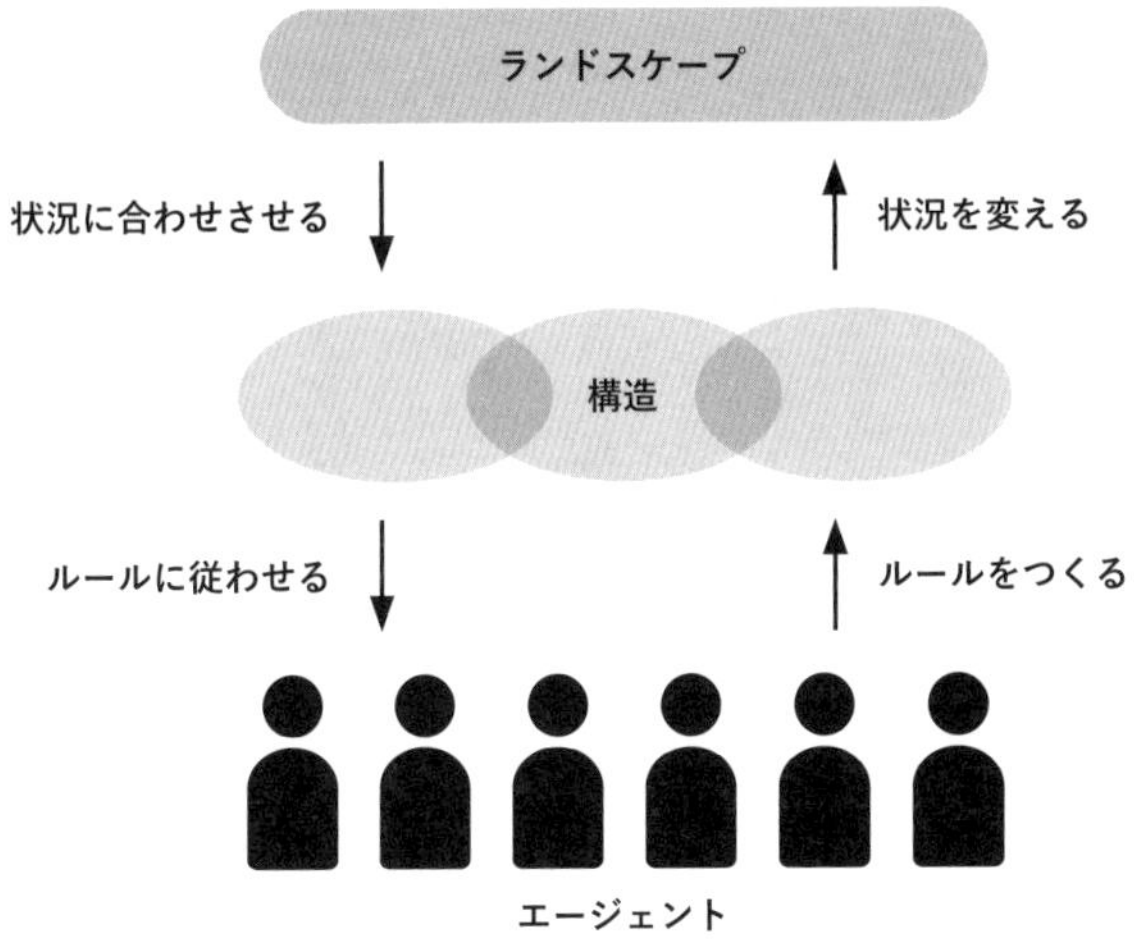

3層構造のMLP

さて、構造とエージェントという上下関係が見えたところで、MLPの説明に移りましょう。ヘールスは、2002年の論文で、構造の上にさらにもう一つのレイヤーを置いた、3層構造で考えるべき、と提唱しました[※22]。

そのレイヤーとは、「ランドスケープ」と呼ばれ、私たちの人間社会が置かれている自然環境や国際情勢などを指します（図10）。いちばんわかりやすいのが気候変動の問題です。

これまで繰り返し説明していますが、人類は、産業革命によって化石燃料を主軸においた社会経済システムを構築してきました。この社会経済システムこそが「構造」です。しかし、この構造が理由で、ランドスケープとしての

[※22]Geels (2002) "Technological transitions as evolutionary reconfiguration processes: a multi-level perspective and a case-study" *Research Policy*, 31, pp.1257-1274

私たちの地球が持っている温室効果を狂わせてしまい、人為的気候変動がこれから深刻になると考えられています。

エージェントが構造にしたがって行動するように（＝私が裸で路上を歩かないように）、構造もランドスケープに従って修正できれば、問題がないはずです。つまり、気候変動という問題を認識して、私たちの社会の仕組みが変わればよいのです。しかし、現実にはそう簡単ではありません。これまで200年かけてできあがってきた化石燃料ベースの社会経済システムを、1年やそこらで別のものに変えることは難しいでしょう。具体的には、ガソリンで動いている自動車をすべて電気自動車に置き換えるような話ですから、大変です。また、従来の構造に従って生活しているエージェント（私たちのこと）がいるので、急に構造を変えましょう、明日から電気自動車に乗り換えましょうと言われても、さすがに無理な話です。

ですから、構造がランドスケープに適応していないとわかっていても、変化を嫌うエージェントは構造を現状維持すべく動いてしまうのです。だからといって、構造を変化させずにおくと、ランドスケープとの間の歪みがもっと溜まって、どこかのタイミングで大災害、大恐慌として爆発してしまう危険があるのです。

このように、MLPを導入し、社会を3つのレイヤーで考えることで、中間にある構造の変化を促進させる必要性を、ヘールスは説いたのです。

「トランジション」の定義

ずいぶんお待たせしましたが、ここでやっと、本書のタイトルでもある「トランジション」という単語を導入します。なぜここまで引っ張ったかといえば、トランジションを理解していただくためには、ＭＬＰという三層構造を十分理解していただく必要があったためです。

トランジションとは、ＭＬＰでいうところの中間層、すなわち「構造」を大きく変える、あるいは「構造」が変わるということです。人々が意図的に構造を変えた場合も、意図することなくいつの間にか構造が変わってしまった場合も、いずれもトランジションと呼んで構いません。

のちほど事例を紹介しますが、新しい技術が開発されて、社会に広まることで自然とトランジションが起きた事例はたくさんあります。他方、ＭＬＰが指摘しているように、ランドスケープとの整合性を取るために、意図的にトランジションを加速するような事例もたくさんあります。これまで紹介してきた気候変動や人口減少の問題は、放置したらトランジションが起きないので、どちらかといえば後者の、社会として意図的に加速させないといけない種類の問題です。

ここからは「トランジション」という単語を使って、その加速の難しさと、加速させる方法を説明していきます。

構造とエージェントの相思相愛関係

ランドスケープの変化に合わせて構造が変化する、すなわち自動的にトランジションが起きればいいのですが、なかなかそうはならないことをこれまで説明してきました。じつはここに「民主主義」や「自由主義」の問題が絡んでくるので、もう少しくわしく説明したいと思います。

社会の仕組みである構造は、現代の民主主義の下であれば、王様や神様が勝手に決めて私たちに押しつけているものではありません。むしろ**エージェントである私たちの日々の行動パターンを一般化したものが構造**だと言えるかもしれません。つまり、私たちが「いいね」と思って毎日やっていることを、整理してまとめたものが構造であり、社会のあたりまえだと考えることもできます。

この考え方に基づけば、構造は決して私たちになにかを押しつけているわけではなく、むしろ私たちの望みの集合体が構造とも言えるでしょう。この場合、構造とはきわめて「民主的」に成立しているものであって、それをある特定の人たちが、なんらかの形で介入して、意図的に変えようとすることこそ、「非民主的」だということになります。これは、アダム・スミスの「神の見えざる手」と同じように、私たち個人がやりたいことをお互いに調整してさえいれば、いつの間にか最適な構造ができあがっているはずという考え方です。その構造に対して余計なちょっかいを出すから混乱が生じるというのが、個人の自由をもっとも重要視する、いわゆるリバタリアン[※23]的な考えです。

反対に、**構造によって人々のものの見方、考え方は制約されている**という考えもあります。構造を否定するような意見を誰かが言ったとしても、まわりの人々から即座に否定されやすい傾向にあります。先ほどの例で言えば、「裸で街を歩いたほうが健康によい」と誰かが主張したとしても、大半の人は相手にすることはないでしょう。なぜなら、構造の枠の中で生きるエージェントは、枠の外にあることを考えてみよう、話してみようとさえ思いつきもしないからです。

このように、**構造とエージェントである個人は、ある意味、相思相愛**だと言えます。構造はエージェントの創造物でありますし、逆にエージェントは構造を変える必要性を認識することが難しいのです。お互いに補強し合っているので、トランジションが必要だと言って、横から余計なちょっかいを出しても、なかなか変わってくれないのです。

社会心理学で「正常性バイアス」という理論がありますが、人間は、なにか大きな変化（たとえば自然災害）に直面していると言われたとしても、自分はその変化の影響を受けることはなく、これまでどおりに行動できると思い込みやすい傾向があるということを意味しています。

[※23] 個人の自由を最大限尊重し、政府は個人の活動に介入すべきではないという思想

構造が変わる、構造を変えるということ自体、本能的には誰も望まないことなのでしょう。

ではなぜトランジションを引き起こすための介入が必要なのかというと、そうしないことには人間社会が持続可能ではないからなのです。トランジション推進のような思想に対して、余計なおせっかいとか、非民主的だとかいった批判が出てくることは当然でしょう。実際、トランジションを加速するのは民主的ではないという批判は、すでに10年以上前にキャロリン・ヘンドリクスという政治学者が提起しています[※24]。

それでもやはり、意図的なトランジションは必要というのが私の考え方です。トランジションを加速する過程で、もしかしたら「民主的」ではないことがあるのかもしれないのですが、ストイックに「民主的」でいるがために、自分たちの持続可能性が低下し、ひいては気候変動がもたらす災害や人口減少に伴う経済の破綻などで、人類が滅びてしまっては元も子もないわけですから。

ふたつのカーブ：SとX

イノベーションについて興味がある人であれば、「Sカーブ」という図をどこかで見たことがあると思います(図11)。これは、新しい仕組みや製品がどのように普及していくかを表現した図で、もともとはエベレット・ロジャーズの「普及学」という研究から提唱されたものです

[※24]Hendriks (2009) "Policy design without democracy? Making democratic sense of transition management"*Policy Sciences*, 42, pp.341-368

図11　Sカーブ

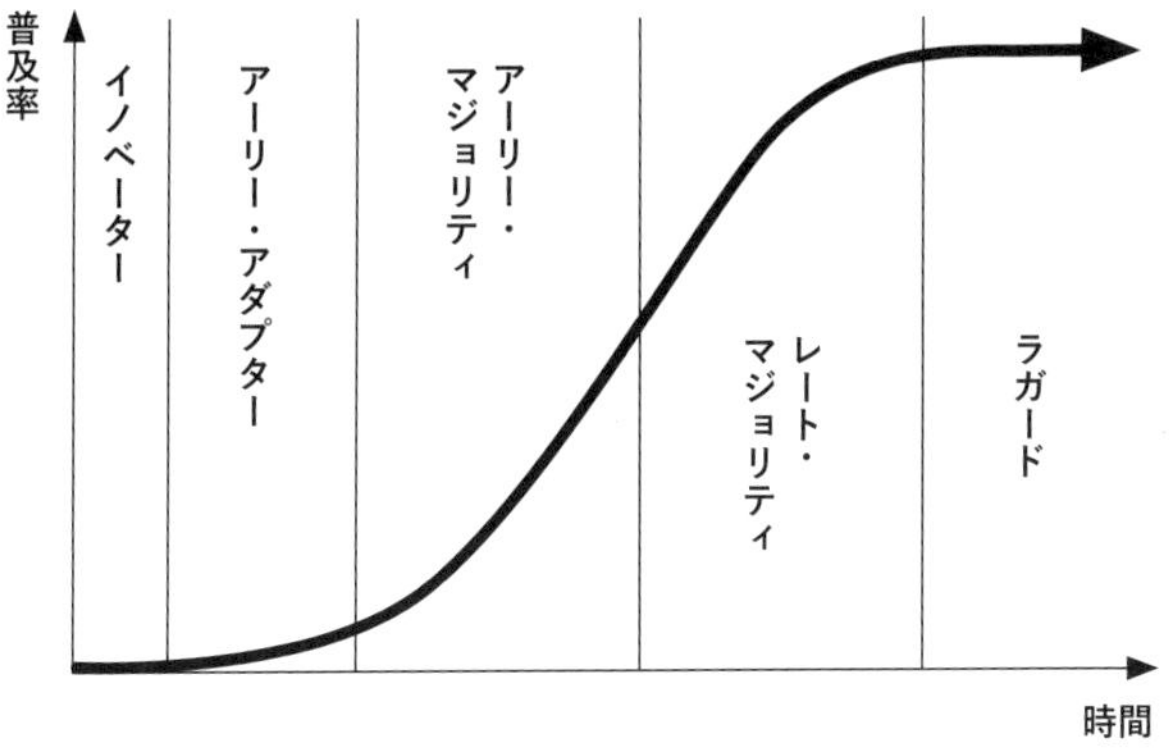

［※25］。普及学では、世の中で新しい仕組みを受け入れたり、製品を購入したりする人々を大きく5つに分類しています。新しい仕組みや製品を最初に導入するイノベーターはほんの少数（全体の1／40）の人々で、次いでそれらを受け入れる「アーリー・アダプター（初期採用者）」も全体の13・5％程度しかいません。これらの人々は採算度外視でもなにか新しいモノに飛びついてしまう層で、それなりに裕福な層でもあります。しかし彼らに広まるだけでは新製品は社会全体に広まることはありません。その次に「アーリー・マジョリティ（前期追随者）」という層が34％いて、この層が新しい仕組みを受け入れると、一気に社会に広まり、半数に達することになります。ここからは勢いがついて、比較的懐疑的な

［※25］エベレット・ロジャーズ（2007）『イノベーションの普及』三藤利雄 訳、翔泳社

「レート・マジョリティ（後期追随者）」も受け入れざるをえなくなり、最後にきわめて保守的な「ラガード」が受け入れて市場シェアの100％に達することになります。

この一連の普及の過程のなかで、いちばん大事なのは「アーリー・アダプター」から「アーリー・マジョリティ」への拡大です。アーリー・マジョリティの段階に入ると、一気に普及が進みます。実際みなさんが普段使っている製品、たとえばスマートフォンやワイヤレスイヤホンなども、短期間のうちにみんなが急に使いだすようになったように思いませんか？　しかしじつは、数多くのイノベーションや製品の普及が、この段階でつまずいてしまい、結局、市場で生き残ることができないということを、ジェフリー・ムーアが『キャズム』という本で指摘しています［※26］。

トランジションは、新しい仕組みを社会に入れることですから、導入しようとする新しい仕組みが、まさにこの普及の過程をうまく、ステップアップしていけなければ、トランジションは成立しません。逆に、トランジションを進めようというのであれば、キャズム（溝）を意識して、社会の過半数の人に新しい仕組みを受け入れてもらえるよう、スケールアップするための戦略を常に頭の片隅に置いておかなければなりません。「正しい」仕組みだから社会は自動的に受け入れてくれると思っていたら、トランジションは進まないでしょう。むしろ、どうやってこのキャズムを乗り越えるのかを考えておく必要があるのです。

［※26］ジェフリー・ムーア（2002）『キャズム』川又政治 訳、翔泳社

図12　Xカーブ

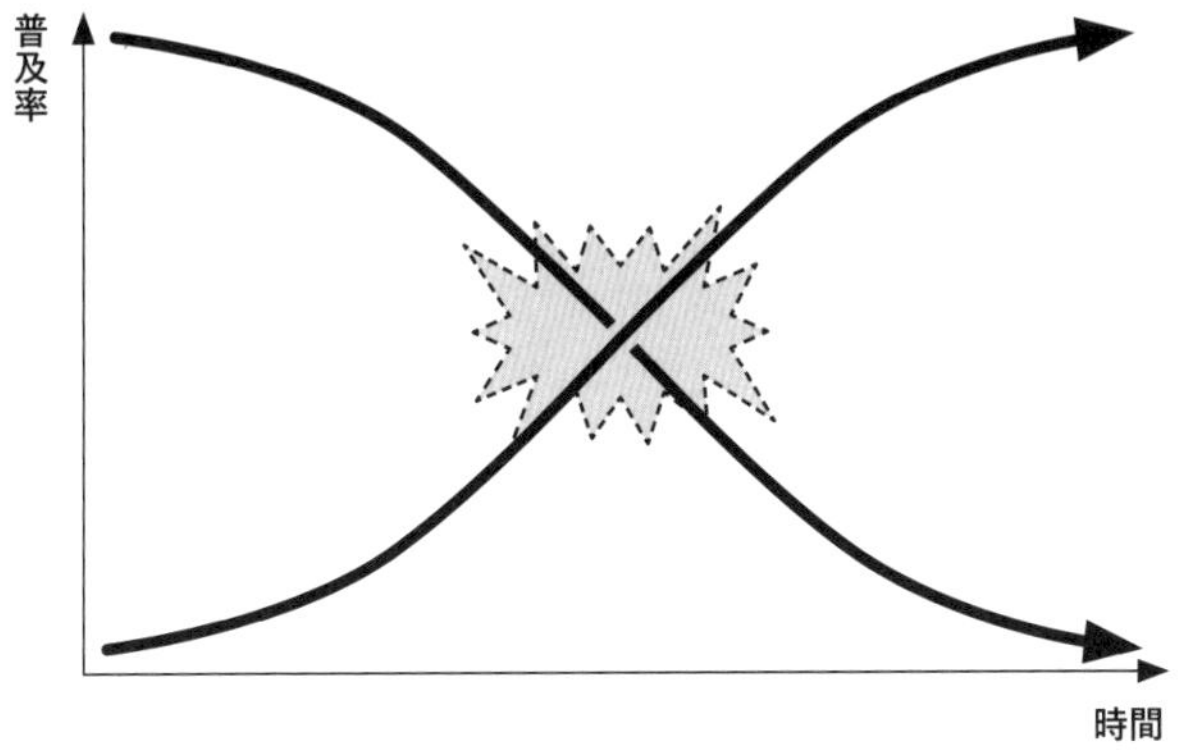

なお、トランジションの加速を研究している研究者たちは最近、このSカーブを発展させて、「Xカーブ」という新しい図を使うようになってきました(図12)。Sカーブは新しい仕組みの普及を念頭に置いていますが、Xカーブでは、それに加えて古い仕組みの解体も同時に図示しています。新しい仕組みが入るということは、古い仕組みが壊れなければなりません。これまでに述べてきたように、古い仕組みは自ら進んで解体を申し出てくれることはありません。むしろ、新しい仕組みの導入を妨害しようとさえします。ですから、トランジションを進める場合には、持続可能な新しい仕組みの導入をどうするかだけでなく、どのような古い仕組みをどのように解体していくのかも考えておく必要があるのです。

TRANSITION

トランジションの加速でシステムを変える

日常の習慣を入れ替える

社会の仕組みを入れ替える、などという話をすると、昭和生まれの世代であれば「血を流すような革命でも考えているのか?」と恐ろしく思われるかもしれません。たしかに過去の歴史を見ると、社会システムの大転換は、暴力を辞さない革命によって起きることもありました。もちろん今後もそのようなことがないとは言えませんが、持続可能社会に向けたトランジションを考えるときに、たくさんの人の命が失われるような暴力は、念頭に置いていません。もちろん「対立」から逃げていてはトランジションは起きないのですが、そこに生じるのは、意見の相違、慣れていないことに挑戦しなければならないストレスなどです。もっとも激しいものでも、第1章で紹介したような、街頭でのデモといった非暴力直接行動（NVDA）程度のものです。

そもそも、みなさんも身の回りでこれまでにいろいろなトランジションを体験してきたはずなのです。

たとえば、クールビズです。昭和のサラリーマンであれば、職場にスーツを着ていくのがあたりまえでした。少なくともネクタイはしていたでしょうし、暑くてもジャケットを着ていくのがふつうのことでした。むしろそういう服装ができないと奇異な目で見られたでしょうし、会社でたしなめられたり、ご近所さんから変な目で見られたりしたものでしょう。

しかし、ヒートアイランド現象などにより、夏の都心部の気温が上昇し、省エネのためにエアコンの設定温度を少し上げるべきという潮流もあり、2005年から「クールビズ」という愛称で、夏場はドレスダウンしましょうという運動がはじまりました。そして、ネクタイを外して、スーツを脱ぐ人がもの凄い勢いで増加し、あっという間に「クールビズ」という常識が広まりました。現在では冬でもネクタイをしない人も多いと思いますし、それまでみんな我慢していた古い常識が、国のお墨付きを得て、一気に新しい常識へと転換したわけです。

他にもいろいろな例があります。喫煙もそうです。昭和のころには、オフィスの会議室や電車の中などで喫煙できるのがあたりまえのことで、机上に灰皿が置いてあるのはあたりまえの光景でした。移動中の連絡手段も、以前は公衆電話を探して10円玉を入れて電話していたものですが、あっという間に携帯電話(当時はガラケーですが)に置き換わりました(図13)[※27]。この図は、さきほど示したXカーブにとてもよく似ていますよね。**このように、私たちはいろいろな場面で、トランジションをすでに経験してきたのです。**

[※27] 総務省「令和4年版 情報通信白書」https://www.soumu.go.jp/johotsusintokei/whitepaper/ja/r04/pdf/index.html

図13　携帯電話の普及と公衆電話の衰退

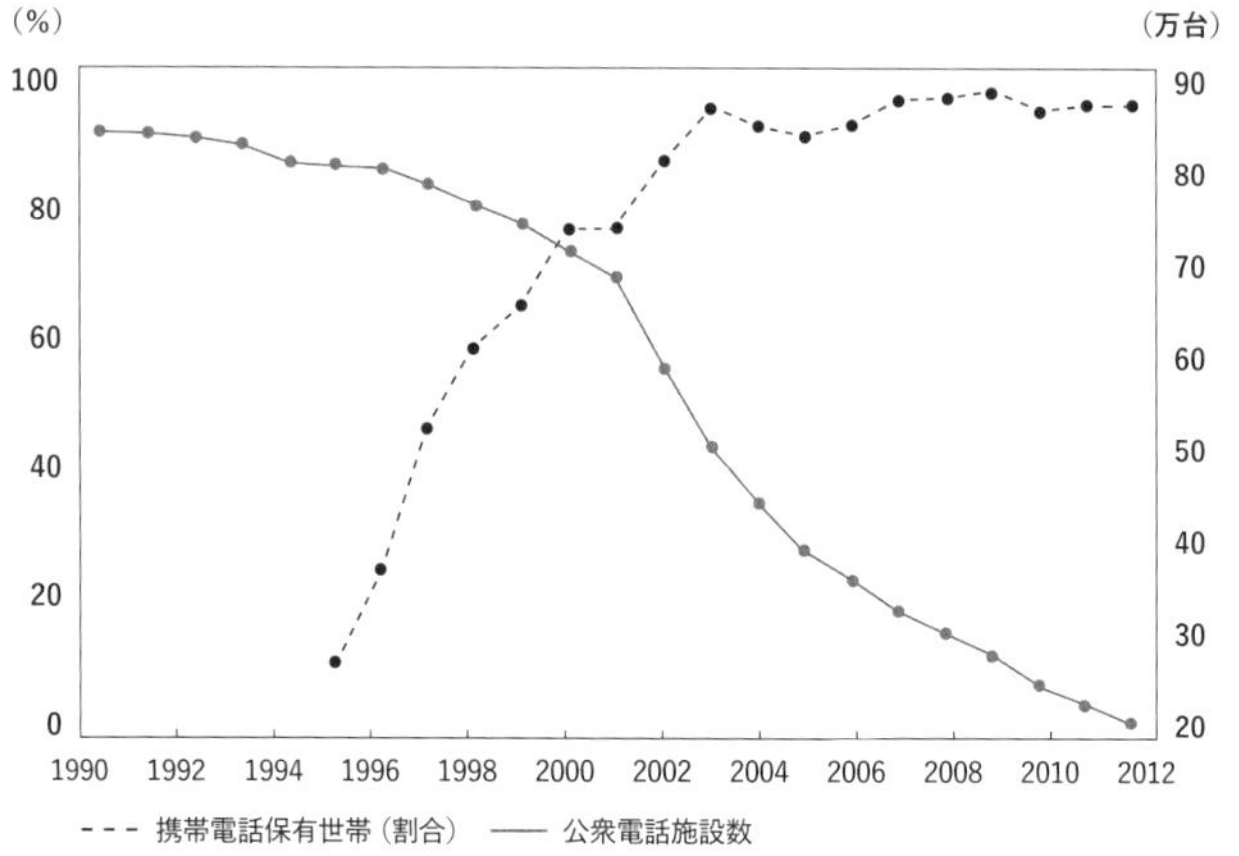

対立は避けられない

こうした過去のトランジションも、必ずしもスムーズなものではなく、いろいろなトラブルがありました。たとえば、もはや室内での禁煙はあたりまえのものとなりましたが、当初は「嫌煙権訴訟」として、鉄道車内の分煙を求める訴訟が起きたり、喫煙による健康影響に関する科学的な調査の真偽をめぐる論争があったりしました。2020年東京オリンピック開催を契機に、飲食店での禁煙・分煙も強化されましたが、そこでも賛否両論があったことも記憶に新しいのではないでしょうか。気候変動などに比べれば小さな規模の問題かもしれませんが、それなりの「対立」が起きた結果、室内は禁煙というあたりまえに置き換わってきたのです。

もう少し過激な対立があった有名な事例として、身体障碍者のみなさんが公共交通機関に乗車する権利を獲得した運動があります。いまは車いすに乗っている人でも電車やバスに乗ることがふつうですが、昭和のころには、バスの運転手が車いすの人たちを乗車拒否するといった事件が起きていました。そこで1977年に脳性まひの方々を中心とした「青い芝の会」という団体が、川崎駅前でバスを占拠するなどのデモをおこない、社会に対する問題提起をおこないました[※28]。バスが運休になるなど混乱を招いたため、他の乗客が障碍者をバスから引きずり下ろそうとするなど、対立状況が露骨に可視化されたそうです。この川崎バス闘争事件ですべてが解決したわけではありませんが、その後のさまざまな運動や議論などを経て、2000年には交通バリアフリー法が制定され、以降、徐々に対策が強化されています。川崎バス闘争は、他のバス利用者にとって「迷惑」だったのかもしれませんが、その「迷惑」を経ることで、世論が喚起され、あたりまえの変化を刺激したのです。

なぜこのような対立が起きるかというと、トランジションによって、よりよい状態になる人もいれば、一時的に困る人、あるいは損する人が出てきてしまうからです。個人のレベルで自由に行動を変えられるのであれば、あまり文句も出ないでしょう。たとえば、クールビズのときは、「ネクタイを外さないと地下鉄に乗れない」みたいな無茶な規制ではなかったので、外

[※28] 荒井裕樹（2017）『差別されてる自覚はあるか』現代書館

したい人、外してもよさそうな会社から、無理なく自由に広まっていったのだと思います。しかし、室内禁煙の場合では、喫煙者が我慢を強いられる形になっています。このように、社会全体として「あたりまえ」を変えて、そして全員が従わなければならないルールまでも変えるとなると、いままでのやり方を変えたくない人、変えるのが難しい人は、強く反発することになるでしょう。

だからこそ、トランジションを加速させるときには、**いきなりトップダウンでルールを変えるのではなく、現場で少しずつ、じわじわと常識を変えていって、機が熟したところでルールを変える、**というのがスマートなやり方です。メンバーの過半数が反対するルールをいきなり押しつけようとしても、民主的な社会であれば、すぐに頓挫してしまうものです。

TRANSITION

未来のあたりまえを先取りする

先取りした者が勝つ？

トランジションに関して、「問題が本当に深刻になるギリギリのところまで待って、最後に対応すればいいんじゃないか」と思う人もいるかもしれません。「自分たちは苦労せずに、他の国が試行錯誤した結果を踏まえて、いちばん楽なやり方でルールを変えればいいじゃん」という戦略もあるかもしれません。しかし、経済の国際化がかなり進んだ現在、「後から真似する」戦略はかなり危険なことでもあります。この危険性に関して、近年もっとも顕在化しているのが、自動車の電動化です。この5年くらいで、世界中の国々がガソリン車の販売を禁止する方向へと動いています。日本は比較的後手にまわっていますが、海外の一部の自動車メーカーは、これを契機に電気自動車への転換を先取りし、競争力を高めようとしています。イーロン・マスクのテスラはすでに電気自動車のトップランナーとして有名ではありますが、中国や韓国の自動車メーカーは電気自動車の開発に注力してきたことで、欧州でのマーケットシェアを急速に広げつつあります。むしろ、社会のルールが入れ替わることが先に読めていれば、技

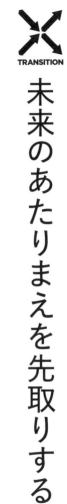

術開発を早めにはじめることによって、競合他社の少ない新しい市場（ブルーオーシャン）に製品を投入できるのです。

日本の自動車産業が戦後大きく発展したのも、じつは未来を見据えてルールを先取りしたことが一因になっています。米国では1970年に新しい大気浄化法、いわゆるマスキー法が制定され、自動車の排気ガスに対して非常に厳しい規制が課されることになりました。同法は、1975年以降に製造される自動車に、汚染物質の90％以上の削減を要求していて、かなりの「無茶振り」でした。米国内の大手自動車メーカーは、このような社会の要請に対応するのではなく、「間違った」規制の導入を先送りしてもらおうと、政治家などへの圧力工作、メディア工作などで対応しようとしました。要はトランジションを止めて、生き残りを図ろうとしたわけです。

日本は国土が狭いということも手伝ってか、環境規制がもともと厳しく、日本の自動車メーカーは、マスキー法に対応できるエンジンの開発に真摯に取り組みました。一つの成功事例が、ホンダによるCVCCエンジンの開発です。エンジンに副燃焼室という機構を組み込むことで、少ないガソリンでもよく燃えて、結果として排気ガス中の汚染物質が少なくなるように改良したエンジンで、1972年にはその開発成功が公表されました。このエンジンは世界初のマスキー法対応のエンジンとなり、歴史的な偉業と考えられています。

このエンジンは燃費もよかったことから、1970年代後半以降、米国で日本車のシェアが急増する一因となりました（もちろん信頼性など他の要因もあります）。こうして新しい「あたりまえ」に対応しようとしたこと、そして実際に先取りできたことが、日本の自動車産業の、過去半世紀の強みだったのです。

ステークホルダーは変化を嫌う

「ステークホルダー」という単語を聞いたことがあるでしょうか？　ビジネスや政策をおこなう際に、協力してもらう必要がある、配慮すべき関係者のことを意味します。

じつは、トランジションとステークホルダーは非常に相性が悪いとも言えます。なぜなら、ステークホルダーは現在の「あたりまえ」の下で有力な関係者です。たとえば、現在の自動車業界の主なステークホルダーは、内燃機関の自動車を製造している事業者やその関係会社となるでしょう。もちろんそのような事業者も、電気自動車の開発を進めているでしょうが、内燃機関に特有の部品（燃料関係の部品、点火系の部品）を製造している企業も多いことでしょう。逆に、リチウムイオン電池やモーターなど、電気自動車に特有の部品を製造している企業は現在、自動車業界の主なステークホルダーではないでしょう（最近変わりつつありそうですが）。

このとき、「ステークホルダーのみなさんとご一緒に」みたいな聞こえのよいことを言っていると、むしろトランジションを止めることになりかねません。マスキー法対応の事例をお話ししましたが、まさに米国で技術的な対応が遅れた理由が、ステークホルダーの強さだったのです。自動車メーカーの経営層だけでなく労働組合も含めて、変化が必要だと理解していても、保身のためにそもそも規制を止めてしまおうという動きに出たわけです。

ステークホルダーは基本的に、現状維持を図ろうとするので、変わろうとはしません。むしろ、未来のあたりまえを見据えて起業したベンチャー企業の方が、社会を変えるための推進力になりやすいでしょう。現在の社会経済システム（構造）の下で有力なエージェントとなっているステークホルダーではなく、むしろ目指すべき未来に有力になっているであろう挑戦者たちを積極的に取り入れた方が、トランジションを加速できるのです。

もちろん、大企業であれば巨大組織ですから、社内にいろいろな部署があって、ベンチャー企業のような研究開発をやっている部署もあります。大企業はトランジションを止めるステークホルダーだからと一律排除するのはおかしいかもしれません。実際、トランジションを阻害する「悪者」として大企業を描くことを批判する研究も出てきています[※29]。

またステークホルダーを重視した経営、ステークホルダー参加による民主主義といった考え方がこの10年くらい台頭してきたところもあり、加えて筆者自身も「合意形成におけるステークホルダーの重要性」を説いてきたので、ステークホルダーを否定すること自体に嫌悪感が抱

[※29] Turnheim & Sovacool (2020) “Forever stuck in old ways? Pluralising incumbencies in sustainability transitions” *Environmental Innovation and Societal Transitions*, 35, pp.180-184

かれるのも理解できます。以前ある研究会で、トランジションのためにステークホルダーを「排除」する必要性を提起したところ、他の大学教授から明らかに感情的にたしなめられて、まぁそうなっちゃうんだろうなぁ、と実感したこともありました。もちろん、短期的な問題解決のためにはステークホルダーは重要な存在で、そのための合意形成の必要性は自分も以前からずっと主張しています。それを十二分に理解したうえで、長期的なトランジションには逆効果だと言っているのです。

ここで理解していただきたいのは、**現行の社会経済システムで中心的役割を果たしているステークホルダーは、現行の社会経済システムのなかで問題を解決するためには欠かせない存在ですが、逆に異なる社会経済システムへのトランジションを止める・遅らせる動機づけがある、**ということです。「はじめに」で紹介した事例のように、トランジションが必要とされているにもかかわらず、ステークホルダーを重視した議論や戦略づくりをしてしまうと、トランジションを後退させる危険があるのです。だからこそ、新しいあたりまえを前提に活動している人たちを意図的に巻き込んで、トランジションを進めなければならないのです。

しかし、具体的には一体なにをどうすればよいのでしょうか？

その答えを示すのが、トランジションを意図的に起こす具体的な方法論、「トランジション・マネジメント」です。

コラム② コオロギ炎上

2023年、徳島県の小松島高校の給食で、徳島大学発のベンチャー企業、グリラスが製造したコオロギの加工品を利用した食材が提供されました。この件は、SNS上で反発の声が目立つ、いわゆる「炎上」状態となりました。昆虫食は日本でも決して珍しいものでもなく、イナゴの佃煮は昔からありましたが、昨今は動物性たんぱく質の供給源として、とくにコオロギが注目されています。

そもそも、なぜコオロギを食べなければならないのでしょうか。それは、コオロギの飼料には食品廃棄等を利用できて、環境負荷が小さいこと。そして、食肉の生産に比べて圧倒的に効率がよいこと。主にこの2つの理由から、コオロギは持続可能な未来を支える食糧となる可能性があるのです。

じつは、このコオロギ食もトランジションに大いに関係があります。日本の第二次大戦後の食生活は大幅に自由度が増し、「飽食」という言葉が出回るほどになりました。その飽食状態が、現在の日本に暮らす人々にとってのあたりまえ、つまり「構造」

となりました。その構造の下では、「コオロギが基本の食生活」は、文化・習慣的にも、経済的にも、ありとあらゆる側面でマッチしません。むしろ現在の構造は昆虫食を「寄食」へと追いやっています。この構造とのミスマッチが、炎上の一因ではないでしょうか。もちろん今回の給食はあくまで試行で、全生徒に強制したわけでもないので、決して「コオロギが基本の食生活」の導入ではありません。しかし、そのような未来が訪れるのではないかという恐怖感が一気に噴出したということでしょう。そういう意味で、この給食は一種のトランジション実験であったともいえます。

コオロギ食の炎上騒ぎは、今後の食分野のトランジションの重要性と可能性を示唆しています。気候変動や世界的な食糧不足を受けて、食生活のトランジションが必要になるかもしれません。戦後の食生活の大変化のように、これから数十年で同レベルのトランジションが起きても不思議ではないのです。他方、食は人間の本能でもあり、文化の影響も強く、生産・流通システムが確立してしまっているため、トランジションに対してブレーキが強く働く可能性もあります。今後も、同様の炎上案件が発生することが予想されます。ここでいちばん大事なことは、ネット上の騒ぎに安易に同調することなく、トランジションという大局的な視点を持つことではないでしょうか。

未来を見据えて、どのような食生活が理想的なのか、自分にとって一番幸せなのか、冷静に考えることが重要です。

第3章

トランジション・マネジメントのステップ

トランジション・マネジメントとは？

トランジションを加速させる

前章では、トランジションがなかなか進まないという、悩ましい問題を指摘しました。しかし、だからといってあきらめて待っているだけでは、社会の崩壊を招きかねません。我々はトランジションが必要だということを、産業革命以降に急速に発展した科学技術を使って事前に理解できます。なので、そのときが来るのを待つのではなく、**私たちの意思でトランジションを起こすべき**です。

トランジション・マネジメントは、将来のためにトランジションをいまのうちから「加速」させて、できるだけ穏便かつスムーズにトランジションを実現するための方法論です。この考え方はオランダ政府が２０００年ごろから取り入れはじめ、次の章で紹介するように、同国南部のロッテルダム市を中心に、利用されてきました。

オランダは以前から「合意形成国家」として有名でした。国土の大半が低湿地であったため、農地を堤防で囲んで干拓することで、農業国として発展を遂げてきました。また現在の国土面積の20％は干拓によって新たに造成された土地だとも言われています。堤防や排水施設の維持管理が人々の生活にとってきわめて重要で、そのためには地域の人々みんなの協力で施設を管理しなければなりませんでした。結果として、人々が話し合って合意に基づいて地域を管理するという伝統が生まれました。戦後は、ネオ・コーポラティズムと呼ばれる体制を構築し、経済団体、労働団体、政府が話し合いで協調的に政策を進める「社会経済協議会」が設立されました。最近ではワークシェアリングの成功も、この労使協調による合意形成の賜物のようです。

しかしこの「よき伝統」が同時に足枷となることに気づいたのもオランダでした。気候変動による海面上昇は、干拓によって拡大してきたオランダの国土に大きな影響をもたらします。しかし、オランダでもっとも有名な企業といえば、国名を企業名に含むロイヤル・ダッチ・シエルです。石油産業の利害を重視するならば、脱炭素へのトランジションは前へ進みません。だからこそ、いかにもオランダらしい合意形成モデルからあえて脱却して、トランジションを加速させるためのトランジション・マネジメントが模索されるようになったのでしょう。

トランジションを加速するということは、人々が、従来の古いやり方をやめて、新しいやり方へと転換するのを後押しする、ということです。「トランジションが必要だ！」と叫ぶだけでは、トランジションは進みません。上から目線で高説をたれようものなら、逆に反発を受けて、むしろ社会の転換を遅らせてしまうでしょう。

「上から目線の押しつけ」ではなく、「実践を伴った勧誘」を

トランジション・マネジメントのカギは、「上から目線の押しつけ」ではなく「実践を伴った勧誘」です。「将来のためにこう変わらないとダメです」と訴えかけるのではなく、「将来はこうなるんですよ、一緒にどうですか」と行動で示すのです。

たとえば最近、とくに欧州で「ヴィーガン」と呼ばれる、動物性の食材をいっさい食べない人々が増えつつあります。これは食の好みや体質、動物の殺生に対する懸念だけではなく、動物性の食材の生産過程で大量の温室効果ガスを排出することへの懸念が理由の一つとなっています。このようなヴィーガンのムーヴメントにおいて、時々「肉食反対！」を掲げ、攻撃的な行動をとる人もいるようです。

世間の耳目を集めるためのデモンストレーションとしてはありえるのかもしれませんが、街でハンバーガーを食べていて、いきなりどこの誰か知らない人に怒鳴りつけられたとして、どれだけの人が共感するでしょうか？　もちろん、街で子どもを虐待している人がいたときに、誰かが怒鳴りつけて止めさせる、というのであれば、みんな共感するでしょう。しかし現在の世の中では、ハンバーガーを食べることは大半の人にとってまだまだ「あたりまえ」のことです。「あたりまえ」のことに対して怒鳴るというのは、理不尽に思われても仕方ないことでし

ょう。実際、2022年のクリスマスには渋谷のケンタッキーフライドチキンの店頭で肉食反対のデモがありましたが、ネットで眺める限り、賛同する意見はほぼ見られず、むしろ嫌悪感を示す意見が大半のように見受けられました。もちろん主張すること自体は決して悪くないと思いますが、肉食の抑止が目的で、攻撃的なデモが手段なのだとしたら、この手段は目的をまったく果たせてないということになります。

ではこの場合、トランジション・マネジメントでは、どのように行動すべきでしょうか？「肉を食うな」と直接的に攻撃するのではなく、ヴィーガンの食生活を社会にいろいろな形で示すことになるでしょう。そうすることで、「野菜も果物も肉に負けず劣らず美味しいこと」「胃腸などに負担が少なくて体にもいいこと」「地球環境に負担が少ないこと」などを伝え、人々の感性や価値観を動かすところからはじまります。相手に無茶なお願いをするのではなく、自分が動いて、見せつけて、こちらの側へと相手の心を引き寄せるのです。

なにもしていない人物から上から目線で命令されても、誰も話を聞く気になんてなれません。だから、まずは実践ありきで、そこから仲間を増やしていくのです。もちろん、トランジションを完成させるためには、前章で述べたような対立は避けることはできません。どこかで、肉食派vs.ヴィーガンのような形で、なんらかの直接対決みたいなことは起こるかもしれません。とはいえ、早い段階からそんなことをしても、大多数から嫌われて排斥されて終わりです。

身近なこともトランジション・マネジメントの対象

みなさんのまわりで、どのようなトランジションの課題があるでしょうか？　自分には関係ないや、と思うかもしれませんが、規模を小さく捉えれば、いろいろな課題があるはずです。

たとえば、「会社でＤＸ（デジタル・トランスフォーメーション）を進めたい」といったこともトランジション・マネジメントの対象です。これまでは規模の大きな話をしてきましたが、会社だって一種の「社会」です。もしあなたがＤＸを進めるべきだ、と思って、ビジネスチャットだとか、テレワークだとかを推進しようとしていたとしましょう。このとき、あなたが社員として「ＤＸを進めるべきだ！」といきなり主張しても、周りの人たちにその気がなければ、「なにエラそうに言ってんだ」と一喝されて、終わってしまうかもしれません。だからこそ、戦略的にトランジション・マネジメントを進める必要があります。

「上から目線の押しつけ」ではなく、「実践を伴った勧誘」を。いきなりエラそうに宣言するのではなく、まずは自分や賛同者が、新しいツールを導入してみて、それが便利なことを他の社員に見せつけましょう。そして、それを見た他の社員に「俺も使ってみるか」と思わせて、いつの間にかこちらの側に引き込んでしまうのが、戦略的なトランジションです。

トランジション・マネジメント向きの問題とは

では、どのようなテーマがトランジション・マネジメントに適しているのでしょうか？　それは、〝長い時間をかけて変えていかなければならない〟問題です。10年、20年と少し先の未来を考えたときに、「このままじゃヤバいよね」とあなたが感じることが、適したテーマだと言えます。いま目前にある、できるだけ早く解決しなければならない問題は、関係者を集めてその利害関心に合わせて、交渉による合意形成で解決できますし、その方が効率的です（拙著『おとしどころの見つけ方』にその方法は書いてあります）。しかし、合意形成を繰り返していると じつは長期的に悪化してしまう問題が、ＭＬＰでいうところの構造の変化を必要とする問題であって、そういう問題にこそ、トランジション・マネジメントが必要なのです。ですから10年、20年といった先の未来を想定して、なにが悪くなっているかを考えると、トランジション・マネジメント向きの問題が見えてきます。

また、目前の問題ではない、という意味で「構造」的な問題がトランジション・マネジメントに向いています。ルール、日常の「あたりまえ」、社会の仕組み、そういった大きなものが変わることがトランジションですから、これから取り組む問題が、そういう性質を持っているかどうかを考えてみてから、トランジション・マネジメントという進め方が合っているかどうか、判断するとよいでしょう。

なにが問題かを考えるとき、カギになるのが「サステナビリティ」という単語です。サステナブルということは、第2章でお話ししたように、システムがとくに問題なく循環・駆動しているということです。システムになにか問題があると、サステナブルではなくなります。みなさんのまわりでも「サステナブル」ではないこと、つまり「アン・サステナブル」な課題は、なにかないでしょうか?

サステナビリティというと、すぐに「SDGs」や「環境」を思い出す人が多いのですが、実際はどんなことでも、サステナビリティは重要です。日本の人口もまさにサステナブルではないので、減少の一途をたどっているわけです。会社だって、たとえば収入よりも支出がずっと多い状態が継続していたら、それはサステナブルではないと言えるでしょう。

こうした問題ほど目を背けたいことが多く、とりあえず現時点ではどうにかなるだろうと思って、日々やり過ごすことも多いものです。そういう意味では、米国の元副大統領、アル・ゴア氏が気候変動に関する出版に「不都合な真実(An Inconvenient Truth)」と名づけたのも、当意即妙であったと言えるでしょう。みなさんの身の回りの不都合な真実って、なにがありますか? 自分の街や組織の問題で、とりあえずはどうにかなるかもしれないけれども、10年後には確実にヤバくなっていそうな問題を探してみましょう。デジタル化、異常気象対策、人口減少対策など、いくつかすぐに思いつくものもあるのではないでしょうか。

では具体的に、みなさんがトランジションを加速させたいとして、どのような手順で考えればよいでしょうか？　次の節から、トランジション・マネジメントの具体的な進め方をご紹介します。

TRANSITION

ステージ①問題を定義する

フェーズ❶「規模」を決める

さて、前述したとおり、トランジション・マネジメントの対象規模は幅広いです。気候変動対策は、地球全体でトランジションを目指すことになります。もしあなたにその気があれば、世界規模のトランジション・マネジメントに取り組んでもいいでしょう。しかし、「さすがに地球全体なんて無理だわ」と思う人も多いと思います。でもあきらめないでください。トランジションは「地理的な範囲」を狭く切り取って考えることもできるのです。第2章で述べた、「巨大な玉転がし」の喩えで言えば、玉を小さくすることで、転がしやすくするということです。

たとえば、自分が住んでいる市町村の中で、気候変動対策のトランジションを加速できるかもしれません。もちろん市町村で脱炭素を実現したからといって、地球上の残りの世界がいままでどおりの生活をしていたら、気候変動を抑える効果はきわめて小さいものとなるでしょう。とはいえ、誰かがはじめなければ、なにも変わりません。市町村といった小さな規模からはじめても、それは「なにもしない」ことに比べたら、確実な前進です。たとえ地球温暖化を止められなくても、気候変動によって頻発するであろう豪雨などに対して、強靭性（レジリエンス）の高い市町村へとトランジションできるかもしれません。また、気候変動や人口減少のような社会問題じゃなくても、先ほど述べたDXのように「会社」が対象でも構いません。

このように、まずはトランジションを加速させるうえでの、現実的な「**規模**」を決める必要があります。もちろん大規模になるほど、その効果は大きいでしょうが、その分「玉転がし」には大きな力が必要になります。環境運動では「地球規模で考え、地域で行動せよ（Think globally, Act locally）」という標語をよく使います。トランジションでも同様に、地球規模の課題を念頭に置きつつ、その活動の規模は現実的な範囲にとどめても問題ありません。まずは、地域や会社、自分が所属する団体など、現実的な規模を設定してみましょう。

POINT

過去のトランジション・マネジメントの事例を見てみると、都市（市町村）やコミュニティ（地区・集落）規模の事例が多いように思います。第4章ではオランダのロッテルダム市（人口60万人）での事例を2つ紹介しますが、ひとつは市全域の事例、もうひとつの事例は市内の特定の地区を対象としています。日本で筆者がトランジションの調査をしたり、トランジション・マネジメントを実践しているのも、市町村全体だったり、人口数万人から千人程度の地区単位だったりします。オランダ政府の環境基本計画のように、全国を対象とする事例もないわけではないのですが、大半の事例が都市やコミュニティを対象としていて、その程度が現実的な規模なのでしょう。

POINT

フェーズ❷「テーマ」を決める

次に、「テーマ」を決めましょう。

たとえば、気候変動対策といっても、じつはいろいろな分野が存在します。「ガソリン車から電気自動車に乗り換える」ことも一つの対策ですが、それだけで大変な努力が必要になります。「住宅の断熱性を向上させる」のも対策のひとつですが、町全体でそれを実現しようとしたら、かなり長い時間と費用がかかるでしょう。会社のDXだって、社内のすべての事務手続きを紙から電子媒体に変えるのは大変なことです。まずは「給与の支払い」だとか、「人事」だとか、一部分をDXするのが現実的かもしれません。

このように、テーマを絞ることもトランジション・マネジメントでは重要です。対象の「規模」や「テーマ」を適切に設定すれば、短時間でトランジションを実現できる可能性があります。

逆に、規模やテーマを大きく設定し過ぎると、途中で挫折してしまう可能性があります。

POINT

トランジション・マネジメントがヨーロッパの地球環境問題、とくに気候変動対策の文脈で発展してきたので、過去の事例では、どうしても「環境」がらみのテーマが大半となっています。また市町村やコミュニティの規模なので、まちづくり、交通、福祉、防災といったテーマが多く見られます。他方、第4章のインタビューでは、オランダの金融セクターのトランジションについて議論がはじまっているという情報も出てきています。また、過去に実際に起きてきたトランジションを考えてみると、公共の場での禁煙や、身体に障碍があっても公共交通に乗れるようにするバリアフリーなど、社会のいろいろな活動がトランジションを経験してきていますので、先行事例がないからと恐れることなく、前章までに述べてきた「構造」に関わる問題であれば、なんでも対象になると思っていただきたいところです。

POINT

フェーズ③目標年次を決める

ステップ①の最後に、トランジションが実現していてほしいと思う、「目標年次」を決めます。これは基本的に、来年とか再来年とかいうレベルの話ではないことが一般的です。たとえば、気候変動対策のトランジションで、「ガソリン車など内燃機関車の新車販売禁止」という政策がありますが、日本の場合、目標は２０３５年です。来年からいきなり禁止と言われても、みんな困ってしまいますよね。こういう、10年とか30年とか、長時間を要する課題がトランジション・マネジメントの対象なのです。

しかし、もしかしたら小さな組織のなかで、小さなトランジションを起こすのであれば、１年とか2年ということもありえるかもしれません。たとえばＤＸのようなプロジェクトを部署のなかで実施したいというときには、来年のいまごろにはこうなってほしい、という目標を掲げてもよいかもしれません。

気候変動とかまちづくりとか、長期的な課題なのであれば、どこを目標にするのかは、国連や政府、他の市町村などの事例を参考にするとよいでしょう。自動車に関係する取り組みをしたいのであれば、先ほどの２０３５年内燃機関車販売禁止を踏まえて、２０３５年にするのがちょうどよいかもしれません。あるいは日本政府は２０５０年に「カーボンニュートラル（温室効果ガス排出実質ゼロ)」を達成するという目標を掲げているので、地域の取り組みも、２０５０年を目標にするのが、キリがよさそうです。

もし課題の分析ができるのであれば、その結果を使って目標年次を決めるとよいでしょう。たとえば自分がトランジション・マネジメントの実証をおこなっている、さいたま市の浦和美園という地区ではで、２０５０年を過ぎると急激に高齢化が加速することが分析で予測できたので、２０５０年を目標年次としました。目標年次の設定にはルールはありませんし、10年先のことなんて正確に予測することは不可能ですから、深刻に考えず、問題の規模などに応じて、おおよそ10年先、30年先、といった感じで決めてしまって問題ないです。

POINT

第4章で紹介するオランダの2つの事例では、２０４２年ごろと２０３０年ごろが目標年次として設定されています。また自分が関わった金沢市の自転車利活用推進の事例では、過去10年で右側通行の徹底などが進んだことを踏まえて、10年後と設定しました。このように、だいたい10〜30年程度先の未来、どんなに短くても5年先を目標としている事例が大半です。

POINT

TRANSITION

ステージ②計画をたてる

フェーズ④Xカーブを作成する

さて、あなた自身、あるいはみなさんのグループが抱えている問題を定義できたでしょうか？　どのようなテーマの問題について、どのような範囲で、トランジションを加速してみることにしましたか？

テーマを決めたら、自分のなかでまず、トランジションの過程を想像してみましょう。このとき、第2章で説明した「Xカーブ」を使うと、アイデアの整理がしやすくなります。Xカーブは、新しい仕組みが広まっていく過程と、古い仕組みが解体されていく過程が、2つの線で描かれていましたね。

ここで、ダーク・ローバック氏らがXカーブを提案した論文で使われていたXカーブ図を紹介します。この図では、2つの線だけでなく、その過程についてキーワードがいくつか示されています。巻末にこの図をダウンロードできるページを設けていますので、この図をできればA3サイズ、あるいはもっと大きな模造紙に印刷して、付箋紙とペンを持って、自分で、ある

図14　Xカーブの詳細

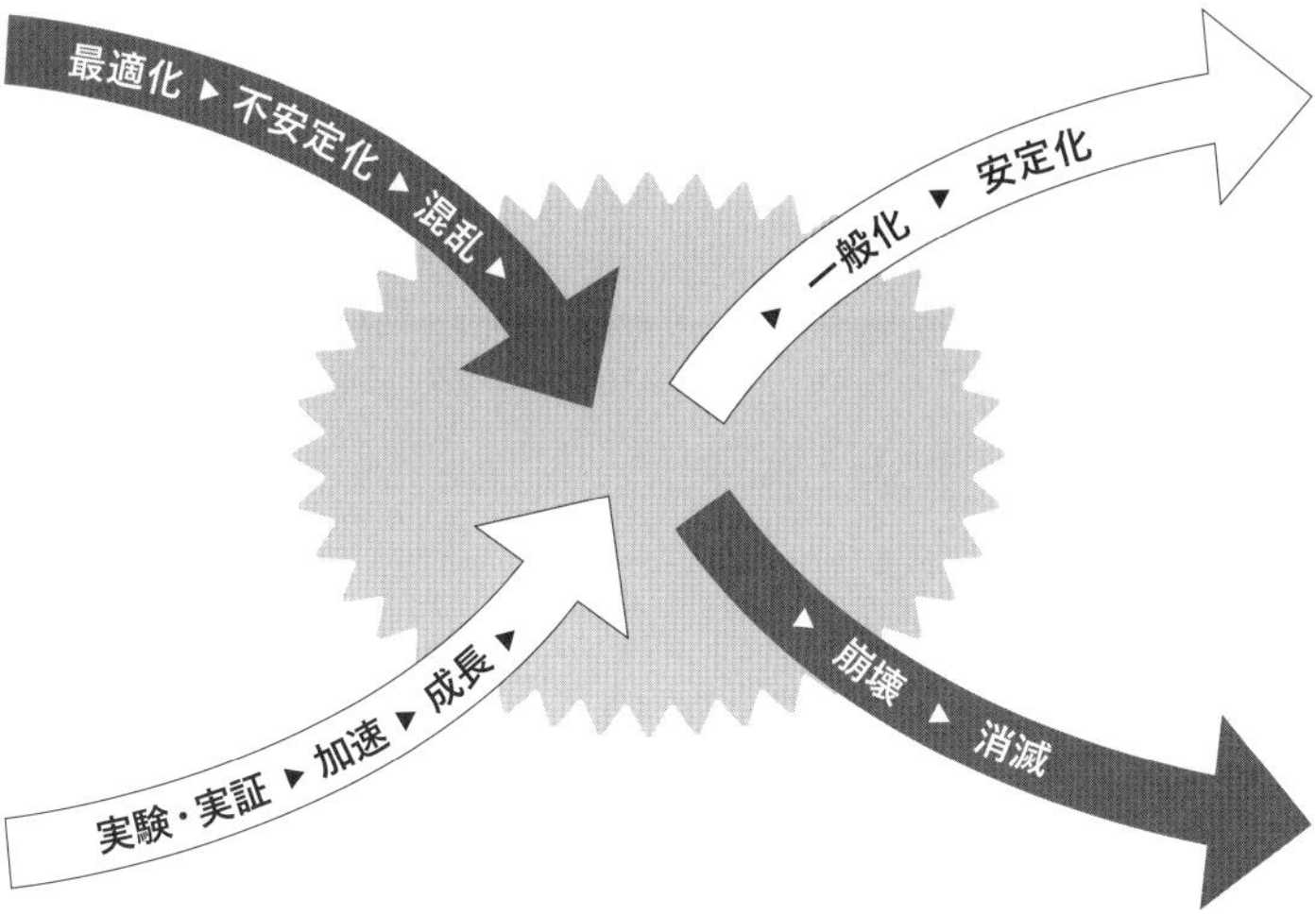

いは仲間とワイワイガヤガヤしながら、右上、左上、左下の順になにがあてはまるかを考えましょう（図14）[※30]。将来的になにが衰退して、なにが盛り上がってこなければならないのかをメモすることで、自分たちが起こすトランジションの姿を整理することができます。

フェーズ❺未来の姿を決める

図の右上には、持続可能な未来の姿を書き込みます。たとえば、目標年次を30年後にして、ある町の気候変動対策を考えているとしましょう。では、30年後にどうなっていれば、町は持続可能になっているでしょうか？ CO_2を排出しない、といったあたりまえのことだけでなく、自分の町の特徴も踏まえて、未来の姿を考える必要があります。たとえば、

[※30] Loorbach, Frantzeskaki, and Avelino (2017) " Sustainability Transitions Research: Transforming Science and Practice for Societal Change", *Annual Review of Environment and Resources* (42) , pp.599-626

山に囲まれた町なのであれば、森林のバイオマスを使った電力・熱を使っているのが持続可能な姿かもしれません。

この作業をすると、どうしても「夢」を描いてしまう人たちがいます。もちろん、現状に囚われずに持続可能な姿を想像するのも大事なのですが、逆に「科学的にほぼ確実にありえない」ことを書き込んでしまうと、単なる空想、夢物語に終わってしまいます。過疎の村で、「移住者で人口が10倍に増える」といった目標を掲げたくなる気持ちもわかりますが、さすがに「10倍」は非現実的でしょう。「いまはまだ実現されていない夢の新技術」などの話もやめておきましょう。数十年後には気候変動や人口減少など、社会が置かれている状況はより厳しくなっているはずなので、そういう厳しい状況を前提条件にしたうえで、現実的に生き延びられる、持続可能な未来を描く必要があります。

Xカーブの右上に、ある程度アイデアが書き込めたら、次に左上に移動します。左上には、現在の社会の仕組みや制度で、取り壊していかなければならないものを想像します。右上に書いた未来像を眺めてみて、現在と違うことはなにか、未来像の実現の障壁となることはなにか、を考えて、左上に書き込んでみましょう。たとえば、森林のバイオマス利用が未来像なのであれば、現在はどのようなエネルギー源を使っているでしょうか？　もし灯油をたくさん使っているのであれば、「灯油による暖房」が左上に入るでしょう。他にも「化石燃料による発電」「手入れが行き届かない森林」など、いろいろな要素が見つかりそうです。

図15　金沢市における自転車利活用推進のXカーブ

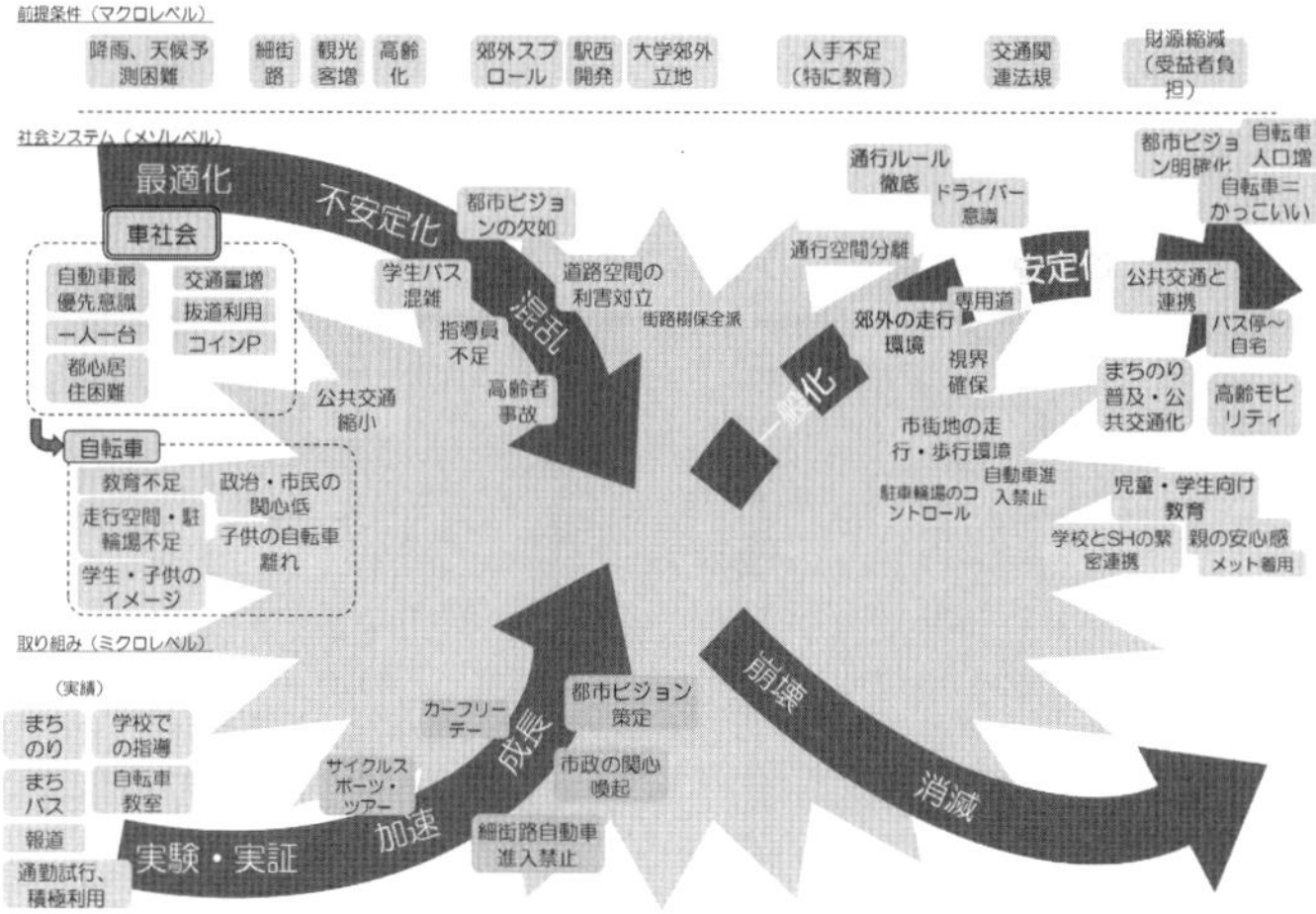

POINT

石川県金沢市で自転車をもっと利用してもらうためのトランジション・マネジメントを、徳島大学山中英生研究室と一緒に準備したことがあります。そのときに、市内で自転車に関わるさまざまな人たちにお話を伺い、みなさんの意見を整理したXカーブ図を紹介します（図15）[※31]。未来のビジョン（図の右上）には、右側通行の徹底や走りやすい道路の整備、そして自転車に乗ることが「かっこいい」という認識が広まっ

[※31] 槇尾果歩、山中英生、松浦正浩、三国成子、三国千秋、尾野薫（2020）「トランジション・マネジメント・ワークショップによる自転車活用プロジェクト創生の試み」『土木計画学研究・講演集』61, ROMBUNNO.75-1

ている状態、などが並んでいます。その裏返しとして、現在の構造的問題としては、クルマ社会の根強さ（自転車は「子どもの乗り物」というイメージも）が並んでいます。そして、最近はじまった取り組みなどが左下に列挙されています。このときは、制約条件となるランドスケープの課題も多く発掘されたので、図の上部に並べてあります。たとえば、金沢市は冬になると天候不順で風も強いので、みんな自転車に乗りたくなくなる、という点も記載してあります。

POINT

フェーズ❻フロントランナーを見つける

次に、左下に移ります。ここがステージ②でもっとも重要になります。**現在において、右上に書いた未来像を先取りしている人、しようとしている人は、誰でしょうか？** 対象に設定した地域のなかで、誰か見つかればよいのですが、もしかしたら外から連れてこないといけないかもしれません。

トランジション・マネジメントでは、未来像を先取りしている人たちのことを、「**フロントランナー**」と呼びます。直訳すれば「先頭を走っている人」となりますが、これから目指すトランジションのなかで、先陣を切って走っている人ということになります。人々が、このフロントトランナーたちのうしろを走ってくれるように勧誘することが、トランジション・マネジメントだと言えます。

このフロントトランナーたちを見つけてくる作業は、情報力が勝負です。自分では誰がよいのか、まったく思いつかないかもしれません。ですから、このために「調査」をおこなうことも、トランジション・マネジメントではよくあります。

具体的には、いろいろな本を読んで情報収集したり、新聞記事を検索してみたり、そしていろいろな人たちに話を聞いてみる必要があります。情報を集めるときには、「芋づる式調査」と呼ばれるテクニックが役にたちます。誰かに話を聞きに行ったら必ず、「誰かこういうことをやっている人はいませんか？」「誰か他に話を聞いておいた方がいい人はいませんか？」といった質問をすることで、新たな調査対象者を発掘するのです。サツマイモを掘るときもツルをたどって芋を探しますが、同じように、フロントランナーを探すのもツテをたどって探すのです。

POINT

第4章で紹介するロッテルダムの交通計画の事例では、20〜30人程度から話を聞いて情報収集して、そのうち16人を次のステージでフロントランナーとして巻き込んでいます。直前で示した石川県金沢市の自転車に関するXカーブの事例の際には、20名のフロントランナーと思われるみなさんからお話を伺いました。このように、聞き取り調査を通じてフロントランナーを特定する事例が多いのですが、大学院生などに協力してもらえているので、実現可能という面もあります。現実問題として話を聞いて回る時間がとれない人も多いと思いますので、難しそうであれば、無理に聞き取り調査をする必要もないでしょう。

POINT

TRANSITION

ステージ③ 仲間を集める

フェーズ❼「トランジション・アリーナ」を開く

さて、ここからは、少し根気がいる作業です。なにかというと、自分で考えた課題について、一緒に社会を変えていく仲間を集める必要があるからです。もちろん、すでにグループになっている方もいらっしゃるかもしれませんが、今回目指すトランジションに必要な人材、組織はすべて集まっているでしょうか？

まずは、フロントトランナーの人たちに集まってもらう会議をおこないます。過去の事例を見ると、集める人数はだいたい10～20人くらいです。フェーズ❻で見つけたフロントトランナーの人たち、全員に集まってもらう必要はありません。話を聞いてみて「この人の協力は得られそうだな」「この人は仲間として一緒にやっていけそうだな」という人たちに集まってもらえれば十分です。

ここで注意すべきは、「お友達」だけ集まっても、社会を変える原動力にならないということです。社会を変えるトランジションには、「人柄」だけでなく、それなりに「影響力」が必要です。いわゆる「インフルエンサー」の協力が必要なのです。ここでいう「インフルエンサー」とは、SNSでフォロワーが多い有名人という意味ではなくて、多くの人々に向けて発信力を持っている人、という意味です。たとえばラジオ番組のパーソナリティとか、新聞記者とかで、これから扱おうとしている問題について関心を持っている人をあえてフロントランナーとして巻き込むのもよいでしょう。また、社会全体の仕組みを変えようとするのですから、社会のいろいろな人たちにメッセージが伝わるような、多様性も必要になります。

また、フロントランナーの役職にとらわれる必要はありません。トランジション・マネジメントの事例では、行政職員にフロントランナーとして参加してもらうことも多いです。そこで、「部長とか課長とか、立場のある人が参加しなきゃいけないんじゃないか」とよく勘違いされます。この会議は、なにかをきっちり決めるのではなく、未来に向けた活動のアイデアを出し合う作戦会議です。なので、むしろ「なにかやりたい」という志のある若手の行政職員に参加してもらうほうが有益だったりします（もちろんやる気があれば年齢・役職は問われません）。

最後に、否定的な発言が多い人は、会議の場に呼ばないほうがよいことも多いです。せっかくみんなで新しい活動をはじめようというときに、「それはできない」「そんなの無駄だ」と批判ばかりする人がいたら、話が前に進まなくなってしまいますから。

フロントランナーたちを集めたこの会議を、「**トランジション・アリーナ**」と呼びます。アリーナとは英語で「劇場」という意味です。いろいろなフロントトランナーが集まってトランジションを進める役割を演じる劇場――それがこの会議なのです。

フェーズ❽未来のビジョンを共有する

さて、複数のフロントランナーに集まってもらって、会議ではいったいなにをするのでしょうか？　まず、会議の趣旨として、**「こんなトランジションを進めたい！」という意思を表明**する必要があります。もちろん、事前にフロントランナーに話を聞いているのであれば、その趣旨は伝わって、了解してもらっているかもしれません。

次に、机の上にXカーブの図を広げて、フロントランナーのみなさんに、右上、左上、そして左下になにが埋まりそうか、議論してもらいます。もちろん、すでにフェーズ❹でXカーブを作成しているでしょうが、それは「腹案」として伏せておきましょう。フロントランナーたちに「自分たちで考えたトランジション」という気持ちになってもらうためです。あなたが気づいてなかった視点やアイデアも出てくることでしょう。「腹案」も少し出したりしながら、アイデア出しを進めましょう。

しかし、大人数が一度に発言しようとすると、なかなか議論がまとまらないものです。たとえば20人いるのであれば、3つのグループ（各グループ6～7人）に分かれてもらって、それぞれで議論してもらうとよいでしょう。また、それぞれのテーブルに「ファシリテーター」と呼ばれる司会進行役を配置するのも手です。とはいえ経験上、トランジション・マネジメントの会議は、ファシリテーターが介入しなくても十分議論が進むことも多いです。フロントランナーになるような人は概して、人と話すことに慣れていますし、たくさん言いたいことがある人たちが多いようです。むしろ、1人のフロントランナーが意見を主張し過ぎて、他のフロントランナーが異論を差し挟めない状況の方が避けるべきです。念のためにファシリテーターを配置するか、少なくともあなたが見回りをして、すべての参加者が気持ちよく話し合える状況をつくりましょう。

あまりアイデアが出てこないようであれば、呼び水とするために、あなたの腹案を先に見せても構いません。とにかく、全員で共通の未来像に向けて、行動を共にするという雰囲気を醸し出すことが重要です。またフロントランナーのなかには、なにか「おもしろい」から行動を起こしていて、超長期の未来の持続可能な社会について考えたことなどなかった人もいるかもしれません。そういう人たちに、問題意識をもって、より未来を先取りする方向への活動を強化してもらうこともできるでしょう。

POINT

オランダのトランジション・アリーナの事例は第4章でくわしく紹介しますが、ここでは筆者が日本で開催した事例を見てみましょう。さいたま市緑区の浦和美園駅周辺地区を対象に、トランジション・アリーナの会合を2017年に開催しました。ニュータウン開発によって人口が急増することから、持続可能性という観点ではとても不安定な地区のため、持続可能なまちづくりのためのワークショップを、地元のまちづくり組織と連携して開催しました。当日は約10名が参加し、2つのグループに分かれて、持続可能な未来の街の姿、今後伸ばしていく活動などを2時間で議論しました。各グループには議論の進行役としてファシリテーターを配置しましたが、フロントランナーというだけあって、みなさん自発的に発言される方ばかりでした。オランダの事例では、このような会議を何回か繰り返して計画を詰めていますが、この浦和美園の事例では1回だけの会議でした。会合の進め方は、使える予算や労力によって、適宜アレンジすればよいのです。必ずこれとあれをしなければならない、みたいにむずかしく考えることはありません。むしろ「まずは、やってみる」ことが大事です。

POINT

フェーズ⑨フロントランナーたちの考えをまとめる

会議は1回で終わりでもよいですし、複数回開催してもよいです。とくに、初回の会議で、「こんな人たちも巻き込んだほうがよい」というアイデアが出てきたら、もう一度、その人たちにも参加してもらう会議を設定したほうがよいでしょう。しかし、時間をかけて何度も繰り返し議論する必要はありません。

よくある「まちづくりワークショップ」みたいな会議は、会議を何回も繰り返して、合意形成を図って、提案の文書をつくることが目的だったりします。しかし、**トランジション・マネジメントは、会議で合意をつくる必要はありません。**むしろ、未来に向けた先取り行動を拡大波及することが目的で、会議はその途中の手段にすぎないのです。

1回なり、数回なり会議をおこなったら、その結論を文書としてまとめてあげる必要があります。「実施報告書」といった堅苦しいものでもよいですし、「開催記録」のようなちょっとしたメモでも構いません。ポイントは、議論を通じてフロントランナーの人たちが描いた共通の未来像を、言語化して、まとめておくことです。その表現は、文字でもよいですし、イラストでも構いません。政策文書のような堅苦しいものでもよいですし、物語（トランジション・ストーリー）として、未来の姿を表現してもよいでしょう。最近、サイエンス・フィクション（S

F）創作の技術を応用して未来社会のシナリオを考えるSFプロトタイピングという手法が流行しつつありますが[※32]、未来像を物語として「ナラティブ」に表現することで、より実感のある形で人々に伝えることができます。

次章で紹介するオランダの事例でも、とても洒落たパンフレットのような形で、議論の結果がまとめられています。このような文書を残しておけば、フロントランナーの人たちにも参加した実感が残るでしょう。また、実践へと移るに際して、必要な予算を確保したり、役所と調整したり、そのような作業の説明資料として利用することもできます。

[※32] 樋口恭介（2021）『未来は予測するものではなく創造するものである』筑摩書房

ステージ④実行する

フェーズ⑩「参加疲れ」を回避する

私は日本でもいろいろなまちづくりの活動を見てきたのですが、残念ながら「文書をつくって終わり」というケースが多く見受けられます。自分も過去にはそういう活動に関わっていたことも多いので、批判できる立場でもないのですが、非常に残念に思います。せっかくこれからの活動のために文書をつくっても、結局そこで提案された内容が実行に移されなければ、ほとんど意味がないのです。

以前からよく、**「参加疲れ」**という言葉を耳にします。役所が「市民参加」だというので、がんばってワークショップに参加したのに、結局、報告書ができあがるだけ。役所はその後、なにも実行に移さないので、市民がやる気を失ってしまうのが「参加疲れ」です。トランジション・マネジメントでは、これは**絶対に避けるべき事態**です。会議は少なくてもいいですし、報告書もたいそうなものをつくらなくてもよいので、実践をきちんとやらなければなりません。

POINT

オランダの事例などでは、参加者が飽きることなく、オープン・マインドで参加できるように、会議で集まる場所を工夫しているようです。たとえばロッテルダムの交通の事例では、「温室効果」を実感するために、植物を育てる温室の中で会合を開くこともあったそうです。また、ベルギーのヘントという街で、夏のあいだ自動車交通を封鎖して沿道住民が自由に道路を使う「フリー・ストリート」という取り組みを議論したときは、あえて市街地から外れた倉庫で会議を開いて、いつもとは違う視点で街を見つめ直すことを促したそうです。また個別の事例ではありませんが、オランダの実践者によれば、ティータイムや会議後の食事など、インフォーマルな会話ができる時間を設けるよう心がけているそうです。日本の事例で言えば、先ほど紹介した筆者の浦和美園駅周辺地区の実践では、会議はあえて単発にして、集中して議論してもらうようにしています（※年に1回程度のペースで開催しています）。このように実践者たちは、ありがちな「会議」とは違うフォーマットをあえて取り入れることで、参加者のテンション維持に苦心しています。

POINT

フェーズ⓫フロントランナーの〝推し活〟をする

会議を通じて、とくに注目すべき活動は、Xカーブの左下に記録されています。ここには、狙った未来像に到達するために、今後拡大波及していきたい活動が書いてあるはずです。これは、すでにフロントランナーたちがやってきた活動が多く含まれるはずです。

トランジションを加速したいと思っているあなたの仕事は、これらの活動を、より活発にすることです。フロントランナーが活動を拡大するために、助成金を獲得するのをお手伝いしたり、お手伝いできる人を斡旋したり、活動の場を提供したり、いろいろな手段が考えられます。要は**〝推し活〟**です。玉転がしの比喩で言えば、山の高さを削るような活動です。最近、「コレクティブ・インパクト」という呼び名で、先進的な活動を連携させることで社会の仕組みを変えようとする取り組みが出てきましたが[※33]、トランジション・マネジメントのこのフェーズもまさに、「コレクティブ・インパクト」を狙ったものだとも言えます。

また、より多くの人が、彼らの活動を目にするよう、露出の機会を増やすことも大事です。トランジション・マネジメントは、未来を先取りしている人たちの行動を目の当たりにしたフォロワーが、その行動を真似することで、いつの間にか社会のあたりまえを変えてしまう作戦です。ですから、**なにも知らない人たちに、フロントランナーの活動をいかに伝えるかが、**拡

[※33] ジョン・カニア、マーク・クラマー（2021）「コレクティブ・インパクト」友納仁子訳、SSIR Japan『これからの「社会の変え方」を、探しにいこう。』英治出版, pp.166-178

大波及の鍵になります。

本章の冒頭でも述べましたが、「○○しなさい」と頭ごなしに言っても、人々の行動は変わりません。むしろ、フロントランナーが実践している姿を見せることで、共感を得て、行動変容を促すのです。いわば、「新しい流行」のプロデューサーとなることが、あなたの仕事となるのです。

ですから、行動を知ってもらうといっても、チラシをつくって撒くとか、ホームページに載せるとか、そういった単純な情報伝達の手段では、効果が低くなってしまうでしょう。たとえば、テレビ番組（最近ではYouTubeやTikTokなど）で、著名人にフロントランナーの活動に参加してもらい、そのよさを伝えてもらうといった、少し凝った手段が必要です。あるいは、フロントランナーの活動に参加した人たちに、SNSへの投稿を促し、未来の先取り行動がすでに「あたりまえ」に変わりつつあることを既成事実化してしまい、それを見た人たちに「自分が変わらなければ」と感じてもらうのも、効果的な戦略でしょう。

このように「人の心を惹きつける」ことで、多くの人の行動を変えることがトランジションには必要です。しかし、倫理面ですこし注意が必要です。モノを売りたい民間企業だって同じようなことをしているのでしょうが、トランジション・マネジメントはあくまでみんなの未来のために、マーケティングのようなことをおこなうのです。しかしそれが本当にみんなのため

になるのかどうかはわかりません。自分と少数のフロントランナーのエコーチェンバーででき
あがった、ひとりよがりの未来像かもしれません。トランジション・マネジメントに関わるの
であれば、自分は極端に偏っているかもしれない、間違っているのかもしれないと、常に自省
する態度が求められます。さもなくば、一部の人たちだけで盛り上がる空騒ぎとなってしまい、
社会の仕組みを変えるというトランジションとは程遠い活動になるでしょう。

POINT

ロッテルダムの交通の事例では、移民が多く住んでいる、市の南側で自転車利用が少ないことが判明しました。移民は自転車の乗り方を知らず、子どもに自転車の乗り方を教えることもなく、結局、彼らが多く住んでいる地区のなかで自転車に乗っている人がとても少ない状況でした。この地区では以前から、子ども向けの自転車教室を開いて、子どもたちに自転車を教える活動をしていた人もいたのですが、トランジション・マネジメントではこの人の取り組みを後押しして、地元の小学校も巻き込んで、自転車教室をより大規模に、地区内で展開するようになりました。

また自分がいま進めている浦和美園駅周辺地区の取り組みでは、2022年にフロントランナーを集めた「Misono2050まつり」を開催しました。このイベントを通

じて、地区に住んでいるより多くの人々に、フロントランナーの活動を知ってもらおうとしました。トランジション・マネジメントの一環でイベントを開催したのですが、イベントそのものはトランジション・マネジメントではなく、フロントランナーのみなさんの活動をもっと「見える化」して、拡大波及させるために実施したのです。

POINT

フェーズ⑫（場合によっては）新しい活動をはじめる

会議のなかで、これまでフロントランナーが誰もやっていない、なにか新しいアイデアが出てくるかもしれません。それが本当に社会を変える力がありそうなプロジェクトであれば、新規に立ち上げるのもよいでしょう。とはいえ、既存のフロントランナーの活動を推すのに比べると、それなりに労力が必要です。

もちろん、役所が一枚噛んでいるようなトランジション・マネジメントであれば、予算の調達も比較的難しくないでしょうし、人を雇えばなにかはじめられるかもしれません。とはいえ、トランジションは長い期間をかけて熟成していくものです。役所の予算は単年度主義といって、来年度の予算は保障されていません。しかも新年度がはじまってすぐの4月には、予算を使えないこともよくあります。やらないよりはやったほうがよいとは思いますが、ゼロベースでプロジェクトを立ち上げるのはかなり大変だということは覚えておいてください。

むしろ、既存のフロントランナーのみなさんの活動を少し拡大してもらう、といった方法で対応するほうが現実的です。あるいは、よその地域からフロントランナーを連れてきて、すでに他地域で実践されている活動を、自分のまちでもやってもらう、というのも一つの手段です。

いずれにせよ、**トランジション・マネジメントの目的は、対象の地域でトランジションを実現することであって、新しいプロジェクトを立ち上げることではない**ので、手段と目的が本末転倒にならないよう、注意しましょう。

フェーズ⑬とにかく続ける

トランジションには時間がかかります。対象の規模や範囲にもよりますが、1年で思いどおりに社会の仕組みが変化するようなことは、まずありません。そもそも、10年~30年先の未来を見据えたテーマがトランジション・マネジメントに向いているのですから、**すくなくとも10年くらいは継続していく覚悟が必要です。**ということで、気長に活動を継続していくことが重要です。

じつはここで、最初のフェーズに戻ってしまうのですが、自分の日常生活から「遠い」テーマでトランジション・マネジメントをやろうとしても、長続きしないように思います。自分の住まいから遠く離れた町でトランジションを進めようとしても、しょっちゅう出向かなければなりませんし、飽きてしまうかもしれません。むしろ、自分が住んでいる町であれば、たとえ飽きたとしても、逃げようがありません。実際の環境問題の解決に向けて現地に定住して、当事者と関わりながら研究を進める「レジデント型研究」という考え方もあります[※34]。もちろん、課題を抱える現地の人たちと連携して、コンサルタント的に関わる人がいてもよいと思いますが、その場合も、トランジション・マネジメントの主役は、ずっと住み続ける現地の人たちだと考えるべきです。

フェーズ⑭ときどき見直す

トランジション・マネジメントは、個々人の活動を通じて、より多くの人が新しい仕組み、やり方に転換するよう、促していくものです。トランジションを維持していくためには、ときどき立ち止まって、どの程度の人たちが転換したのか、客観的な立場から振り返ることも必要です。そこで1～2年に一度、見直しの会議をおこなうとよいでしょう。

最初につくったXカーブを見直して、実際にどの程度の進捗があったのか、みんなで振り返ってみましょう。当初考えていたことと、実際に起きていることの間に、かなりのズレが出て

［※34］菊地直樹（2015）「方法としてのレジデント型研究」『質的心理学研究』14、pp.75-88

しまっていてもまったく問題はありません。当初進めようと思っていた活動がまったく動かないのは残念ですが、逆に、当初まったく考えていなかった活動が出てきて、トランジションに貢献してくれることも往々にしてあります。

トランジションを進めている間に、自分たちとは違うところから、トランジションに貢献してくれる活動が生まれてきたら、素直に「推す」ことが大事です。とくにローカルな活動では、複数のグループがいがみあったり、新参者を排除したりするような動きが見られますが、トランジションは社会全体の仕組みを変えることが目的なのですから、派閥抗争に明け暮れるなど、その目的に反しています。目指しているトランジションとはまったく別の方向に向かっている活動に関わる必要はありませんが、同じような方向に向かっているのであれば、積極的に声がけして協働していくべきでしょう。

トランジション・マネジメントの活動の基本は、先ほどから何度も使っているように〝推し活〟です。決して協会のような組織をつくって規則を守ってもらおうとすることではありません。むしろ、自主的に活動しているフロントランナーのみなさんをうしろから、それらが社会のメインストリームへと拡大波及していくように「推す」ことがトランジション・マネジメントなのです。無名の地下アイドルが、誰もがその名を知るアイドルへと成長する姿を遠くから眺めて幸せを感じるのと同じ感覚なのです。

POINT

第4章で紹介するロッテルダムのモビリティの事例は2015年におこなわれましたが、その後、さまざまな形で発展してきました。2019年にはロッテルダムのさまざまな企業・団体等の連携により、10年間でCO_2排出を半減するという「ロッテルダム気候合意」が成立したのですが、これもモビリティの事例から派生した一つのトランジション・マネジメントの取り組みです。気候合意はモビリティに限らずさまざまな活動に言及していますから、厳密な意味では計画の見直しではありませんが、モビリティはその重要な要素になっています。逆により詳細な方向へと発展したのが、2019年にロッテルダム市から発表された「Fietskoers 2025」で、市役所による自転車利用促進に向けたトランジション・マネジメントの一環です。

この事例からもわかるように、「見直し」といっても、当初の計画を堅苦しく評価する必要はなく、いろいろな形で発展させていけばよいのです。数年も経てば、人々の問題認識は大きく変わるもの。役所仕事のように「見直し」そのものが目的になってはいけません。本質的な問題意識は維持しつつも、社会の変化に合わせて活動を発展させていくことができれば、それで十分「見直し」ができているのです。

POINT

図16　トランジション・マネジメントのステップ

実行する（ステージ④）	フェーズ⓮	ときどき見直す
	フェーズ⓭	とにかく続ける
	フェーズ⓬	（場合によっては）新しい活動をはじめる
	フェーズ⓫	フロントランナーの〝推し活〟をする
	フェーズ❿	「参加疲れ」を回避する
仲間を集める（ステージ③）	フェーズ❾	フロントランナーたちの考えをまとめる
	フェーズ❽	未来のビジョンを共有する
	フェーズ❼	「トランジション・アリーナ」を開く
計画をたてる（ステージ②）	フェーズ❻	フロントランナーを見つける
	フェーズ❺	未来の姿を決める
	フェーズ❹	Xカーブを作成する
問題を定義する（ステージ①）	フェーズ❸	目標年次を決める
	フェーズ❷	「テーマ」を決める
	フェーズ❶	「規模」を決める

コラム③ トランジションとトランスフォーメーション

本書では「トランジション」と表記していますが、これを日本語に訳すこともできなくはありません。これまでの研究などでは「転換」や「移行」と訳された事例があります。しかし、本書におけるトランジションとは、MLP（第2章参照）の真ん中の「構造」が、最上層の「ランドスケープ」の変化に合わせて、大きく変化することを意味します。このニュアンスを意識してもらうために、あえて訳さずに「トランジション」という単語を本書では使うことにしました。

ここで悩ましいのが「トランスフォーメーション」という単語です。最近、日本ではこの単語がトランジションと同じような意味合いで使われるようになりました。代表例は、2015年頃から騒がれるようになった「デジタル・トランスフォーメーション」いわゆるDXです。これは、企業などが情報技術を活用して、業務の進め方などを抜本的に変化させること。つまり、DXもトランジションの一種だと言えます。

また、気候変動対策について、2020年頃から日本政府は「グリーン・トランスフォーメーション」略してGXなる単語を使うようになりました。DXという単語が広まったことから、採用したのかもしれません。また欧州連合でも一部の政策で"green transformation"という表記が見られます。

しかし、Googleの検索トレンドを調べてみると、これはほとんど日本でしか検索されていない単語であることがわかります。"green transformation"と"green transition"の検索回数を比較してみたところ、日本ではその比率が10：0ですが、米国では1：9、そして欧州諸国では0：10で、圧倒的に後者が優勢です（2023年6月現在）。グリーン・トランスフォーメーションはほぼ、日本でしか通じないのです。

そもそも「トランジションとトランスフォーメーションの違いは何なのか？」と思われる方も多いでしょう。じつは、2018年にその違いをレビューした論文が出ています[※35]。結論は、異なる研究者グループが、同じような課題について別の単語を使って表現している、ということでした。前者は非漸進的な変化を想定しており、後者は問題の規模が広い、といった違いがあるものの、本質的な意味は同じだそうです。なので、違いを気にすることにあまり意味はありません。むしろ、MLPを前提にした考え方をきちんと理解することのほうがずっと大事なのです。

[※35] Hölscher, Wittmayer, and Loorbach (2018) "Viewpoint: Transition versus transformation: What's the difference?" *Environmental Innovation and Societal Transitions* (27), pp.1–3

第4章 トランジション先進国・オランダ

トランジション都市・ロッテルダム

悲劇の都市から、世界の最先端へ

オランダがトランジション先進国であることは、第3章でも紹介しました。本章では、同国のより具体的な事例を紹介したいと思います。

オランダのなかでもロッテルダムは第二次大戦後、日本の大都市ととても似た形で復興を遂げてきました。オランダは、英仏とナチス・ドイツとの間で戦争がはじまった後も、中立を維持しようとしたものの、1940年になってドイツが一方的に侵攻を開始しました。英仏との位置関係としても、港湾都市としても戦略的に重要なロッテルダムが、ドイツによる大規模攻撃の最初の標的となってしまいます。1940年5月には大空襲を受け、市の中心部はわずか数日で完全な焼け野原となりました。軍事力の違いを見せつけられ、他都市への空爆をおそれたオランダは、ロッテルダム爆撃から数日後に降伏してしまいます。その後、オランダは1945年までドイツに占領されることとなりました。結果として、オランダ国内で大規模な空爆を受けた都市はロッテルダムだけで、他の都市は、観光客の多くがイメージする、いかにもオ

写真1　ロッテルダム（写真：アフロ）

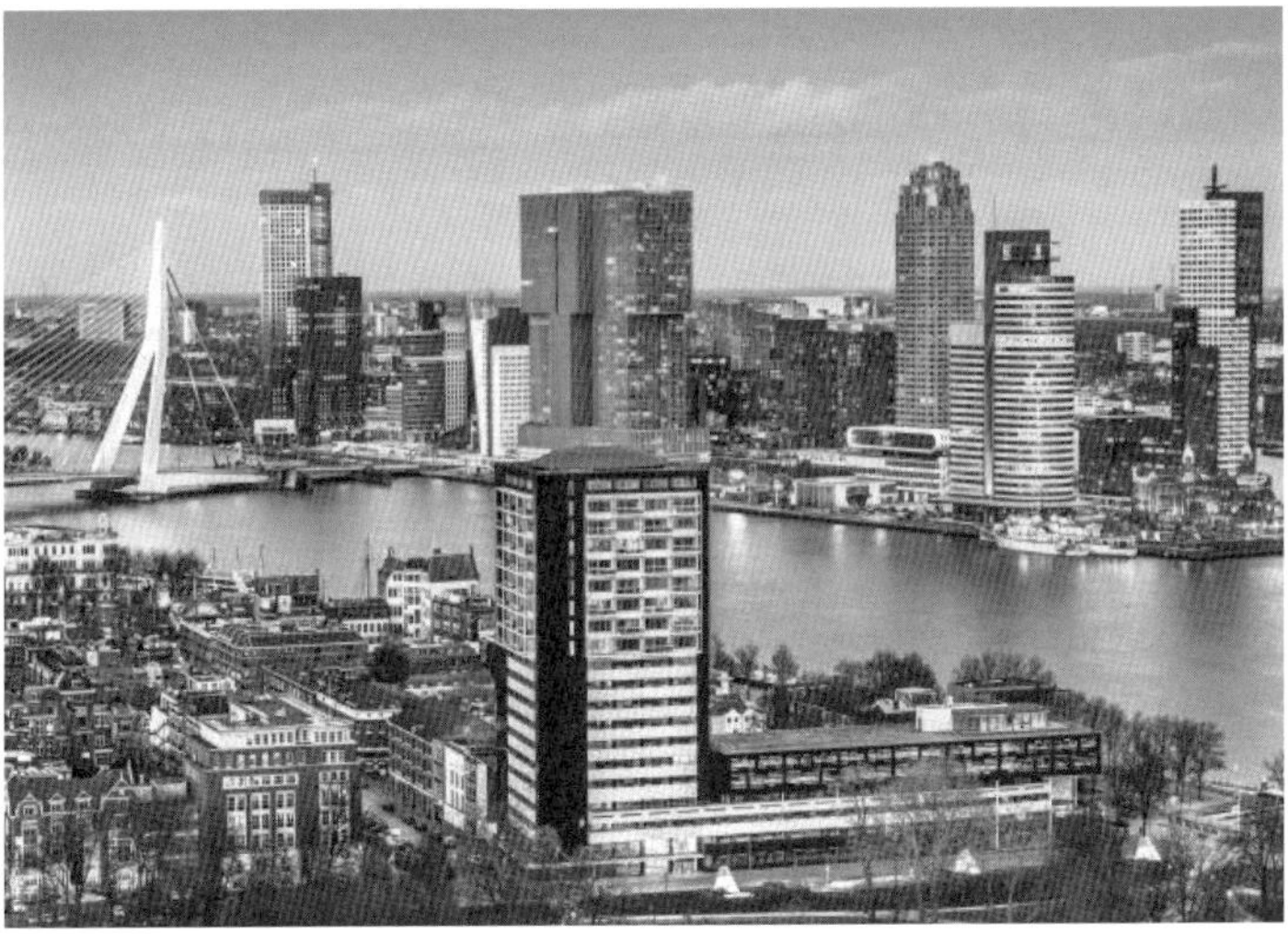

ランダらしい、昔ながらの都市景観が保存されることとなりました。歴史的建築物は保全されたとはいえ、アムステルダムに隠れ家のあったアンネ・フランクの日記が物語るように、ナチス・ドイツによるユダヤ人迫害はオランダにおいても熾烈なものだったことは忘れてはならないでしょう。

終戦後、ロッテルダムは焼け野原となった市街地の再建に取り組みはじめます。中心市街地の道路は、戦後のモータリゼーション［※36］に合わせられました。都市の骨格となる道路網が、自動車がスピードを出して走るための広幅員の道路として再整備されました（場所によっては10車線もあります）。戦前はオランダらしい小さなレンガ造りの建物が並んでいた区画は集約され、大きな区画に鉄筋コンク

［※36］第二次大戦後、世界各地で自家用車が急速に普及したこと。オランダの場合、乗用車の数が1950年に12万台だったのが、1980年には412万台、2019年には853万台にまで増加しています。https://www.cbs.nl/en-gb/news/2019/51/over-200-times-more-passenger-cars-than-in-1927

リートによる高層ビルが次々と建築されました。ロッテルダムの戦後復興は、空襲を受けた東京や日本の地方都市と同じような道のりをたどってきたのです。空襲を受けていない中央駅から見て南西側のエリアには、まだ昔ながらの建築物が建ち並んでいる地域もあるのですが、全体としてみれば、ぱっと見た感じ、日本の地方都市とあまり違いのない、近代的な大都市となったのです。

「シティ・ラウンジ」計画

もちろん、北米のようにマイカー依存社会になったわけではなく、路面電車や地下鉄の整備も進められてきました。ロッテルダムの街中を移動していると、路面電車が残っている日本の地方都市にいるかのような感覚になります。しかし、オランダの都市のなかでは、ロッテルダムはマイカーにかなり依存しています。たとえば、2000年の中心市街地での移動手段(徒歩を除く)のシェアをアムステルダムと比較してみると、ロッテルダムは自動車がもっとも多い(48%)のに対し、アムステルダムでは自転車がもっとも多く(52%)、違いが目立っています(図17)[※37]。

また港湾都市という土地柄もあり、1980年ごろのロッテルダムの中心市街地に対する人々のイメージは、かなり悪くなっていました。とくに麻薬汚染がひどかったようで、薬物中

[※37]Kennisinstituut voor Mobiliteitsbeleid, *Mobiliteitsbalans 2011* https://english.kimnet.nl/publications/documents-research-publications/2011/10/28/mobility-report-2011。を基に筆者作成

図17　ロッテルダムとアムステルダムの移動手段

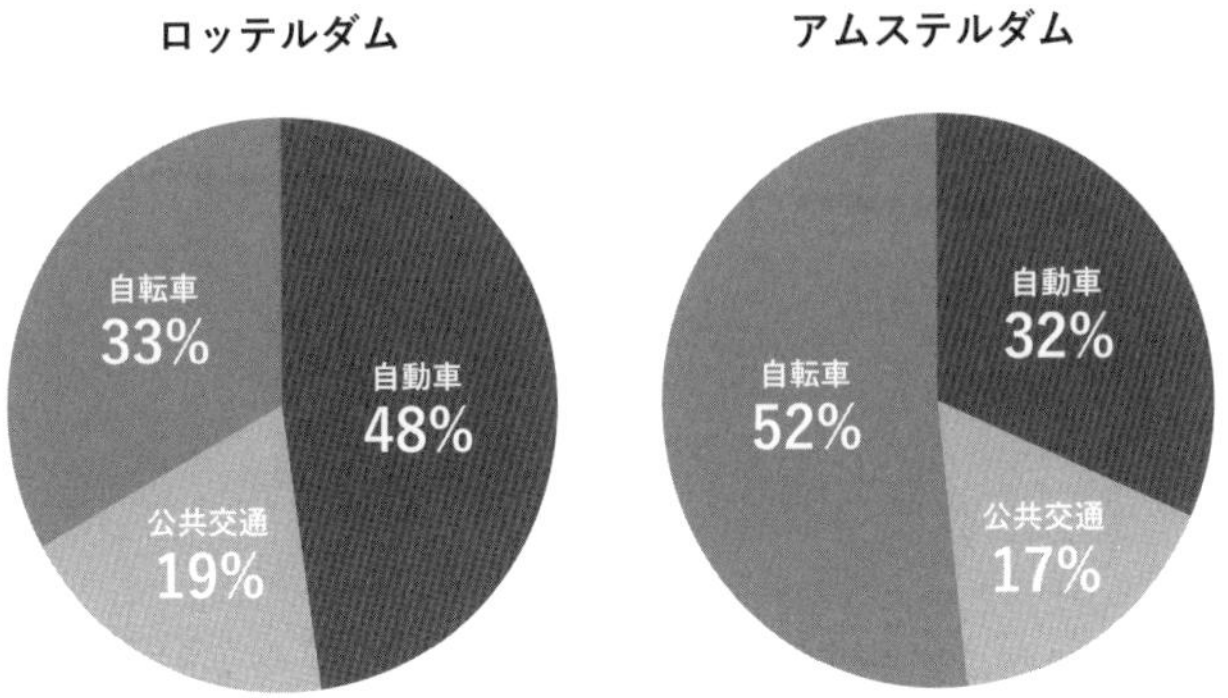

※合計が101%になるのは、
参照データが四捨五入されているため

毒者が中央駅前にたむろしている姿も日常の風景となっていたそうです。オランダらしくない鉄筋コンクリートのビルが建ち並び、人々はクラクションを鳴らしながらマイカーで競うように移動する。そんな冷徹な雰囲気の街並みは、国内外の多くの人々にとって、魅力を感じられないどころか、忌避されるようになってしまいました。

このような背景を抱えた都市だからこそ、トランジション・マネジメントによって、過去のまちづくりから転換したい、抜け出したいという強い動機づけがあったのでしょう。ロッテルダムは、2010年ごろから急に、街の「魅力」を取り戻しはじめます。

そのひとつの契機が、中心市街地活性化計画として2008年に市が発表した「シティ・ラウンジとしての中心市街地（Binnenstad als City Lounge）」という戦略です。この戦略では、戦後復興が進められた中心市街地の抜本的な見直しを打ち出しました。具体的には、自動車依存から脱却したうえで、「ラウンジ」のような心地よい空間をつくりだすことを目標に掲げました。空港には上級クラス乗客向けのラウンジがありますが、高級ホテルのロビーにある、大きなソファーが広々した空間に置いてあって、自由に使えるような空間が「ラウンジ」です。そしてシティ・ラウンジの実現に向けて、トランジション・マネジメントに基づいたさまざまな実践が進められました。

その結果、２０１５年には早くもThe Academy of UrbanismによるUrbanism Awardで欧州の最優良都市（European City of the Year）に選出されたほか、２０１６年には観光ガイド本Lonely Planetで「訪れるべき10都市（Top 10 Cities to Visit）」にノミネートされました。最近でも、新聞・雑誌の記事で、クールな街、食を楽しめる街として、ロッテルダムが紹介されることが頻繁にあります。このように、イメージの悪い自動車依存・薬物汚染の街から、観光で訪れたくなる街として大転換を図ることができたのです。その過程では、トランジション・マネジメントによる後押しが大きく作用しています。では、どのような取り組みがこれまでに進められてきたのか、２つの事例を具体的に見てみましょう。

TRANSITION

ケース①　モビリティ・トランジション・アリーナ

異例の自動車依存都市

この20年ほど、欧米の多くの都市で「自動車依存からの脱却」が進められています。その一つの嚆矢《こうし》が、ニューヨーク市でブルームバーク市政（2002年〜2013年）のころに交通局長であったサディク・カーンの取り組みです。日本語にも翻訳された彼女の著作『ストリートファイト：人間の街路を取り戻したニューヨーク市交通局長の闘い』に詳述されていますが、タイムズ・スクエアの一部を通行止めにして広場として開放したほか、市内の道路の設計を見直して、歩行者・自転車が使える空間を広げるなど挑戦的な取り組みが実行に移されました。最近ではパリのイダルゴ市長が「15分都市」の概念を掲げ、生活の大半の用事を徒歩圏内で済ますことができる都市への転換を主張しています。もちろん日本でも「コンパクトシティ」といって、人口減少に対応して都市機能を中心市街地に凝縮する取り組みが長年続けられています。

ロッテルダムでも、2008年から中心市街地の都市構造を変革する取り組みが進められてきましたが、そのなかでも自動車依存からの脱却は最重要課題でした。マイカー移動を前提に機能性重視で進めてきた戦後復興から、自転車・徒歩を中心とした心地よさ重視の「シティ・ラウンジ」へのトランジションの実現は、決して容易ではありません。これまでマイカーに依存してきた市民にとって、移動手段の変更を強いるトランジションに対する反発は想像に難くありません。そこで、戦略的なトランジション・マネジメントが必要となったのです。

モビリティ・アリーナの発足

ロッテルダム市役所の担当者たちは、2015年の初頭に「ロッテルダム・モビリティ・アリーナ」の立ち上げを決断し、その具体的な作業をオランダ・トランジション研究所（DRIFT）に委託しました。DRIFTは2004年にロッテルダムにあるエラスムス大学の中に設置された研究組織で、現場の実践に積極的に関与することを得意としてきました（本章末尾にDRIFTのディレクター、ダーク・ローバック氏のインタビューを掲載しています）。2015年ごろはちょうど、気候変動の深刻さとトランジションの必要性に対する認識が欧州全域で高まった時期でもありました（その後、グレタさんのデモなどの運動が活発化します）。市役所の交通部門にも、DRIFTによるトランジション・マネジメントのワークショップに参加したことがある職員がおり、上層部の局長（Wethouder）もトランジション・マネジメントの先行事例を知っていたので、従来のやり方とは異なるトランジションの必要性を認識していたのです。

さて、「モビリティ」とは、「人が移動する」ことを意味します。従来であれば「交通」と呼ばれていた分野ですが、「交通」というと、車両や道路といった物理的なインフラストラクチャー[※38]に焦点が当てられてしまいます。そうすると、それらを利用する人間の快適性や気持ちを無視した設計が進められるのではないかという危惧が、この10年程度、都市計画の専門家などの間で広まっていました。そこで、「交通」ではなく「モビリティ」という単語を使うことで、非人間的なインフラストラクチャーではなく、人間の移動に焦点を当てて政策を考えようとする動きが出てきたのです。ロッテルダムの「モビリティ・アリーナ」構想も、その流れに沿ったものです。

トランジション・マネジメントのステージ①は、「問題を定義する」作業です。プロジェクトを進めるトランジション・チーム（3名の市職員、3名のDRIFT研究員、1名の修士課程学生）は、2月から3月にかけて、ロッテルダム市内でモビリティに関する活動をしている20～30名の社会起業家などに話を聞き、現状とトランジションの可能性について事前調査をおこないました。

事前調査の結果をもとに、16名のフロントランナーから成るトランジション・アリーナのチームが結成されます。彼らのバックグラウンドは、水上タクシーの経営者、運送会社の社員、

[※38] 人々の日常生活や社会のさまざまな活動を支える基盤的な設備のこと。道路、鉄道、上下水道など。「社会基盤」と訳されることもあります。

自転車利活用推進の活動家、政治家、小学校の先生などさまざまです。2015年4月21日には初回の会合が開催されました。この会合では、事前調査の結果が報告された後、「オープンスペース・テクノロジー」と呼ばれる、参加者が自由に移動しながら議論する方法を使って、フロントランナーの間で議論が進められました（写真2）[※39]。この議論を通じ、ロッテルダムのモビリティをこのまま放置していてはダメで、自分たち自身が、トランジションを積極的に進めていく必要性を、参加者が認識できました。

その後、同年5月21日、6月12日、9月16日、10月1日にそれぞれ会合が設けられ、フロントランナーたちによって課題分析、未来ビジョンの形成、バックキャスティング（未来から現在までさかのぼって道筋を考えること）が進められました。課題分析では、新たな視点で取り組む必要性が明確になっています。従来の交通計画を専門とする市職員は、需要予測とそれに基づく道路整備という枠組みで解決しようとする癖がついてしまっています。これは古典的な交通計画の思考手順と言えるでしょう。しかし、フロントランナーのなかには、モビリティの問題とは貧困問題である、と認識している人がいました。貧困が理由で、自分が住んでいる地区の外にほとんど出ることができないモロッコ系・トルコ系の移民の子どもたちに対し、自転車で市街地のツアー「アーバン・サファリ」を提供していたシュルドン・ファニテがメンバーにいたのです。彼は、「そもそも貧困層の間に、自転車に乗るという文化自体が存在しないこと

[※39] Gemeente Rotterdam (2016) "Nieuwe Wegen Inslaan: Mobiliteit als katalysator voor een duurzame toekomst van Rotterdam"

写真2　トランジション・アリーナの様子

が問題の本質だ」と会合で問題提起していま す。このように、問題の捉え方、モノの見方が変わることも、トランジション・マネジメントの重要な役割です。

これらの活動を通じ、アリーナ・グループによって「新しい道を進む（Nieuwe Wegen In slaan）」という報告書が作成されて、12月11日の会合で発表されました。この最終会合は、アリーナのメンバーだけでなく、ロッテルダムのモビリティに関係する計80名の人々が参加しました。この報告書が、2015年の1年間をかけて実施された、「ロッテルダム・モビリティ・アリーナ」の成果と言えます。

報告書は3章構成で、第1章が導入、第2章で未来ビジョン、そして第3章で7つのトランジション実験を提示しています。持続可能な未来ビジョンとしては、「人間中心」と「モビリティのつながり」という2つのテーマが掲げられています。自動車、地下鉄、自転車などが、タテワリで連携なく、それぞれの機能改善を追求するような交通政策から、ロッテルダムの市民一人ひとりの立場で、魅力的で使いやすいモビリティ整備への転換を求めています。7つのトランジション実験提案には、クリスタル・モビリティ（当時はまだ一般的ではありませんでしたが、現在でいうところのMobility as a Service: MaaS）、オープン・ストリート（歩行者天国）、自転車教育、ドリーム・ストリート（パークレット［※40］など道路空間の再構成）などが含まれました。

そして実践へ

「モビリティ・アリーナ」の報告書は、市の職員がその作成に関与しているとはいえ、あくまでフロントランナーたちによる自主的な報告書にすぎません。その後、フロントランナーたちがトランジション実験を実践して、そしてロッテルダム市民の行動が変化して初めて、トランジション・マネジメントの成果となることは、第3章で述べたとおりです。報告書を発表して終わってしまうようなプロジェクトは、トランジション・マネジメントではありません。

まずは、ロッテルダム市の公式文書に、報告書の内容がさまざまな形で盛り込まれました。たとえば、アリーナの翌年に公表された都市交通計画（Stedelijk Verkeersplan）では、交通貧困

［※40］駐車スペースや車道の一部などを占有して、ベンチや遊具などを配置した小公園

（vervoersarmoede）が課題として明確に位置づけられ、貧困層にも多様な移動手段を提供することが目標のひとつとなりました。従来の「交通計画」では、市役所の職員がずっと見落としてきた視点が、アリーナの会合で認識されて、公式の計画にも盛り込まれたのです。

ただ、市役所の計画に盛り込まれるだけでは、まだまだ、トランジションとは言えません。**トランジション・マネジメントでは、未来の「あたりまえ」を一般の人々に見せつけることで、人々の行動を（少しずつ）変化させることが究極の目的です。**そのために、ロッテルダムの街並みで、以下のような取り組みが進められています。

自転車プラットフォーム

ロッテルダム市内は自転車であふれかえっています。後述するとおり、トランジションによって自転車の利用は大幅に増えているのですが、結果として中心市街地の駐輪スペース不足が問題になりました。中央駅やBlaak駅などにかなり大きな地下駐輪場が整備されて、駅前の迷惑駐輪はほとんどなくなりましたが、街中のお店や職場の目の前に駐輪できるのも自転車の便利なところ。ですから自転車利用を勧める以上、駐輪された自転車を狭い歩道にあふれさせるわけにもいきません。

そこで、マイカー用の沿道の駐車スペース1台分を、自転車の駐輪場へと転換する自転車プラットフォーム（Fietsvlonder）が、２０１８年からロッテルダム市内に多数設置されてきました（写真3）。鉄の枠組みと木の土台からなるシンプルな構造物で、トラックで運んできて、駐車スペースに置くだけで設置完了です。１台当たりの価格は２５００ユーロ（２０２3年5月現在、日本円で約40万円弱）ほどと、公共事業に比べればかなり安価です。

自転車プラットフォームの設置は、トランジション・マネジメントを象徴する取り組みといえます。第一に、マイカーから自転車への転換を促すため、結果としてマイカーを排除している点です。トランジションである以上、従来の「衰退すべき」取り組みに対してプレッシャーをかけます。「自動車のドライバーから苦情が来そうだから……」と怖がってなにもしなければ、トランジションの加速は起きません。第二に、暫定的な取り組みという点も、トランジション「実験」らしさを体現しています。あくまで暫定的に設置する構造物なので、もし問題が起きた場合は、トラックで持ち帰ればすぐに元に戻せます。第三に、小規模という点も特徴的です。通りの駐車スペース全部を潰すのではなく、全体で5台程度駐車できるスペースのうち、1台分だけを占拠して、駐輪場に転換しています。

現在でも、沿道住民からの要望に応じて、新規のプラットフォームの設置がおこなわれています（場所はロッテルダム市役所のホームページで募集しています）。しかし、じつはいま、数多くの自転車プラットフォームが撤去されていて、ロッテルダム市内で見つけることが難しくな

写真3　Botersloot通に設置された自転車プラットフォーム（筆者撮影）

ってきています。筆者も２０２２年の取材時にロッテルダム市内を探し回ったものの、なかなか見つけることができませんでした。

では、なぜ撤去されているかといえば、一時的な自転車プラットフォームから、きちんと道路工事をして永続的な駐輪スペースへと転換する道路工事が続々と進められているからなのです。**つまり新しい取り組みが、数年間のうちに「あたりまえ」となったということであり、トランジションを完結させたのです。**

コストの面では、最初からいきなり駐車スペースを駐輪スペースに変える工事をしたほうが安上がりだったかもしれません。しかし、それだとドライバーからの反発もより強まったことでしょう。「プラットフォームを暫定的に置かせてください」というお願いからはじめて、いつの間にか新しいあたりまえをつくりだし、そして永続的な駐輪スペースに置き換えてしまう。若干、騙し討ちの感もありますが、そうやってトランジションを加速させるのが、トランジション・マネジメントのしたたかな戦略なのです。

ハッピー・ストリート

報告書では「オープン・ストリート」や「ドリーム・ストリート」という名前で呼ばれていた提案がありました。これらは、実践段階で「ハッピー・ストリート（Happy Street）」という名前に変更されて、2017年の秋から冬にかけて実験がおこなわれました。ハッピー・ストリートとは、一定期間、自動車を通行止めにして、歩行者、自転車だけでなく、路上で遊んだり、踊ったり、人々が交流したりできる空間へと変化させる取り組みです。ロッテルダム市とDRIFTなどが実施主体となり、中心市街地の西クルイスカーデ通とスキーダムヴェスト通の2つの街路で、自転車や歩行者の利用に焦点を当てた、地域の人々が「シティ・ラウンジ」を感じられるような取り組みを実験的におこないました（写真4、5）［※41］。

西クルイスカーデ通は中央を路面電車が走っていることもあり、オランダには珍しく、自転車の走行空間が存在しません。自転車は日本と同様、車道の端を走ることになります。そこで

［※41］Rach and Lodder (2018) “Evaluatierapport Happy Streets West-Kruiskade en Cool-Zuid”

写真4　西クルイスカーデ通のハッピー・ストリート

写真5　スキーダムヴェスト通のハッピー・ストリート

図18　ロッテルダム市街地

ハッピー・ストリートでは、２０１７年10月の1カ月間、車道にポップな色彩のドット柄の線を描き、自転車の走行空間であることを示して、自転車が優先されることをアピールしました。また、路肩の駐車スペース（9台分）を一時的に廃止して、パークレットと呼ばれる、小公園のような空間を配置しました。スキーダムヴェスト通では、２０１７年11月から12月にかけて、駐車スペース10台分を廃止し、芝生やベンチを置いて公園のような空間を形成したほか、ハッピー・ランド・パビリオンという小屋が設置されて、年末のクリスマスシーズンに合わせてイベントを開催し、「シティ・ラウンジ」感を醸しだしました。

　これらは暫定的な取り組みで、これらの街路はその後元に戻されてしまいます。しかし

図19　コールシンゲル通の整備イメージ

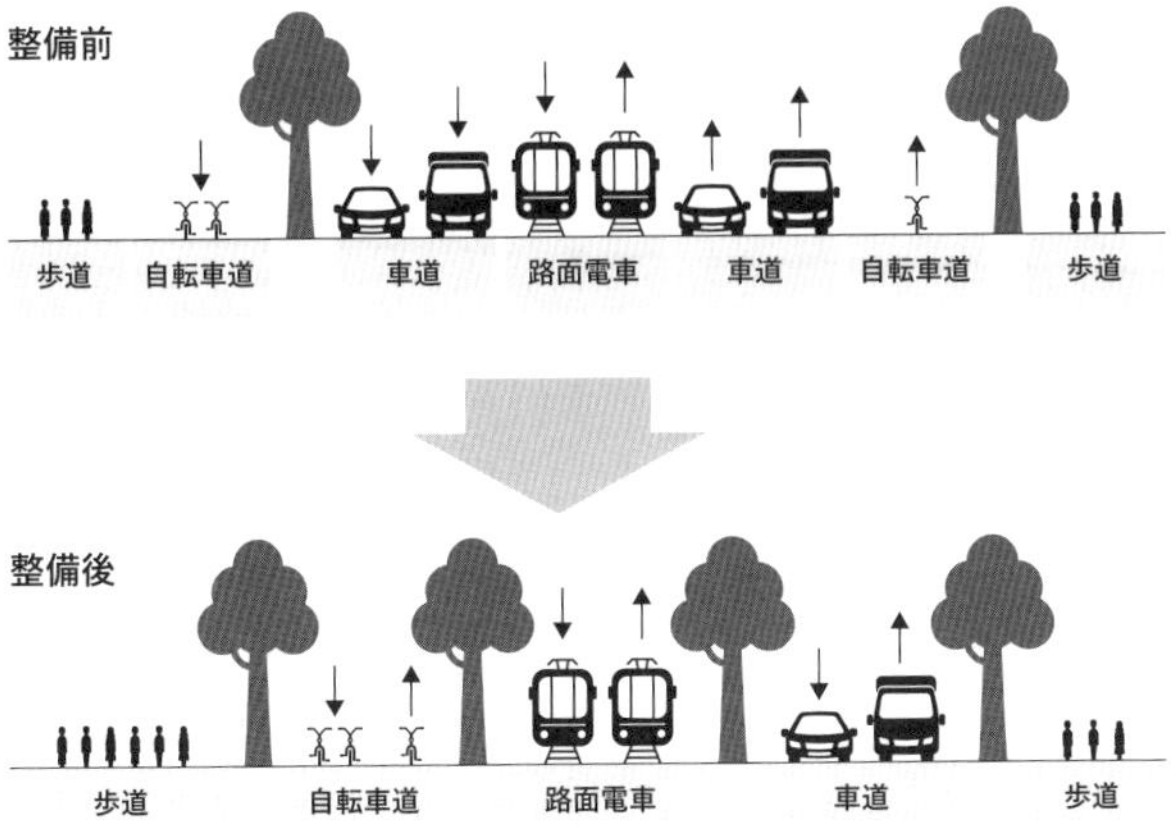

ロッテルダム市全体で、道路の構造を抜本的に見直す動きも同時にはじまりました。その第一弾が、市役所前を南北に通る大通り、コールシンゲル通です。2016年に、路面電車を挟んでその両側にあった車道のうち、西側の車道が廃止され、東側の車道が両側通行になりました。そして、西側の車道があったところに広幅員の自転車道と歩行空間を整備するという計画です（図19）。工事は2018年にはじまり、2021年に完了しました。コールシンゲル通の両側はロッテルダムのなかでももっとも栄えているショッピング・エリアで、幅の広くなった歩道は現在、いつでも人であふれかえっています。実際に行ってみると、歩道というよりはむしろ「広場」に近いくらいのオープンスペースとなっていま

す。

今後、コールシンゲル通の北端にあるロータリー広場、ホフプレイン(Hofplein)も車道を大幅に狭くして公園とする予定があるほか、東西に走るブラーク通(Blaak)でも、車道を減らして歩道・自転車道を拡げる計画が存在しています。

トランジション・マネジメントの成果

ロッテルダムでは、2015年にモビリティ・アリーナが立ち上がり、報告書が発表され、そしてさまざまな実践が進められてきました。それでは実際、ロッテルダム市において、トランジションはどれほど加速したのか、どれほど人々の行動変容が起こったのか、見てみましょう。

第一に、ロッテルダムでは、自転車利用が明らかに急増しています。2020年の交通計画の資料によれば、2010年から2018年の間に、中心市街地の自転車の交通量が約40%増加、公共交通機関の利用者数が10%増加、逆に自動車は10%程度減少しています(図20)[※42]。わずか8年の間に自転車が40%増えるということは、徐々に自転車が増えたというよりは、短期間で大規模な変化、つまりトランジションが起きたといって間違いなさそうです。しかも、市役所の予測では、今後も増加を続ける見込みとなっていて、戦後60年間で形づくられた自動

[※42] Gemeente Rotterdam (2020) "Rotterdamse Mobiliteits Aanpak"p.9 より筆者抄訳

図20　2010年を基準にした中心市街地の交通量の変化

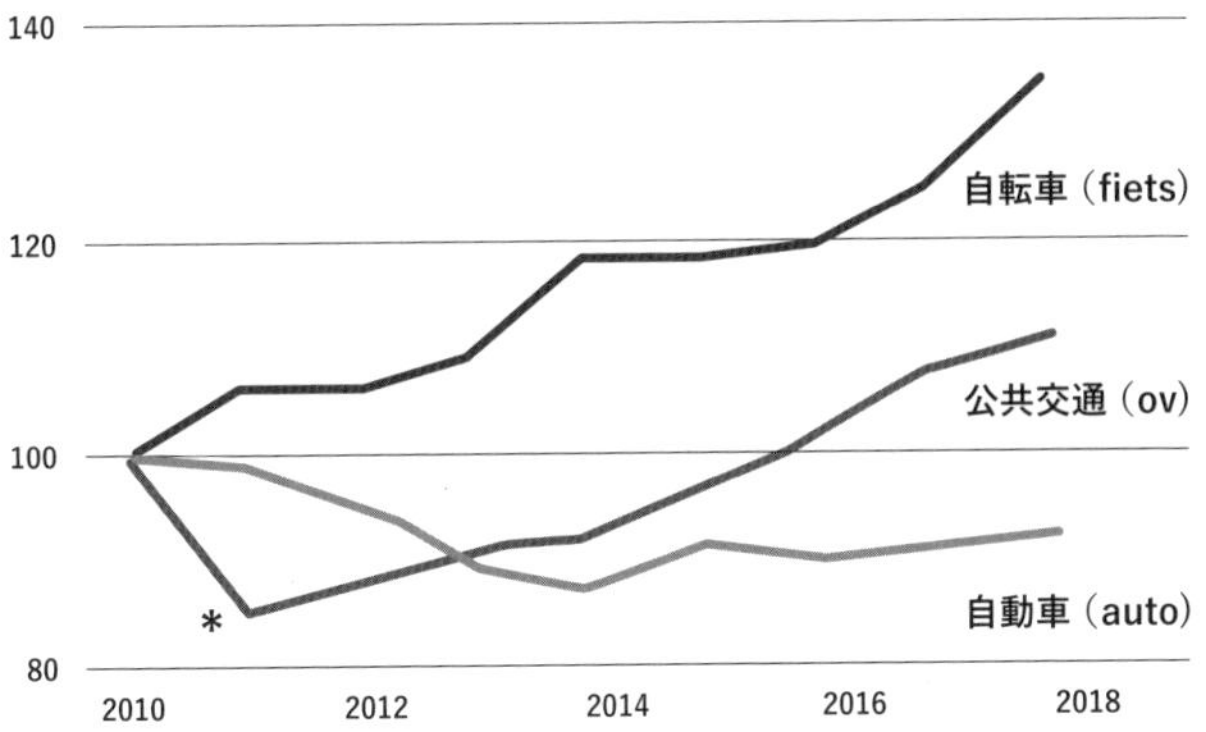

*交通系ICカード導入に伴い利用者減

車依存の構造から、ようやく脱却が実現しようとしているのです。

第二に、市の政策が２００８年の「シティ・ラウンジ」戦略に比べ、より一層、自転車・歩行者重視の姿勢へと傾いている点も、トランジションの証拠と言えるでしょう。当初の戦略では、自転車・歩行者を重視しつつも、駐車場整備についても記載されており、マイカー利用者への気配りも感じられます。しかし、２０２０年の計画では、図21に見られるように、優先順位をひっくり返すことを明確に打ち出しています[※43]。以前であれば、ドライバーを「最下層」に位置づけることは、政治的にリスクのあることだったのでしょうが、市民の意識が変化して、優先順位をひっくり返すと明言しても、選挙で落とされるよ

［※43］Gemeente Rotterdam（2020）"Rotterdamse Mobiliteits Aanpak"p.16

図21　自動車から自転車・歩行者への転換を示すピクトグラム

うなことはなくなったのです。この10年間で、市役所そして市民の考え方が明確に変化したことがうかがい知れます。

このような事例を、日本国内の社会人大学院での私の講義で紹介すると、行政職員などからは「日本の役所だとなかなか難しいですよー」という反応が返ってきます。このように政治的なリスクもあるトランジションが、ロッテルダム市ではなぜ、うまく進んできたのでしょうか？　そこで、ロッテルダム市役所の職員として、モビリティ・トランジションに長年携わっているマーティン・グイト氏は「小規模のプロジェクトからスタートすること、そして説明の仕方がポイントですよ」と言います。

「いきなり車道を廃止します、駐車場がなくなりますなんて言ったら、自動車に乗っている人たちが怒るに決まっています。シティ・ラウンジで都市の競争力が高まり、ロッテルダムへの投資が増えて、さらにCO_2の排出も減って持続可能になりますよと言えば、みんな納得せざるをえないでしょう」

やはりロッテルダムの市役所であっても、関係者への話の持っていき方を間違えると、前に進まなくなってしまうようです。信念は抱きつつ、事業は小さくはじめて、人々の考えを変えて、そして大きなプロジェクトへと発展させる。そういう信念と要領のよさを兼ね合わせた公務員がいるからこそ、ロッテルダム市のモビリティ・トランジションが成功したのかもしれません。

TRANSITION

ケース②　M4H地区

旧港湾地区の再開発

ロッテルダム港は貨物の取扱量で世界第7位、欧州第1位（2020年）であり、世界随一の港湾都市と言えます[※44]。日本で港湾というと、海に面しているイメージがあるでしょうが、ロッテルダム港は当初、中心市街地のすぐ南側を流れるニューウェ・マース川の沿岸から発展してきました。横浜や神戸では「海の風」を感じることもあるでしょうが、ロッテルダムの中心市街地で海を感じることはほとんどありません。

戦後、重化学工業の発展やコンテナ船の大型化などに、旧来の港では対応できなくなってきました。そこで、1960年代以降、市街地から20〜30km離れたニューウェ・マース川河口部に、「ユーロポート」や「マースフラクテ」と呼ばれる新港湾が整備されました。その結果、市街地に隣接する旧港湾地区の土地が空き、再開発の必要性が出てきたのです（図22）。

ロッテルダム港湾局は、これら市街地に隣接する、4つの港湾地区（計1600ha）をまとめて「都市港湾（Stadshavens）」と名づけ、専属のプロジェクト室を設けたうえで、2006年か

[※44] 国土交通省「世界の港湾取扱貨物量ランキング」https://www1.mlit.go.jp/statistics/details/content/001517675.pdf

図22　ロッテルダム港と都市港湾の位置（斜線がロッテルダム港の区域）

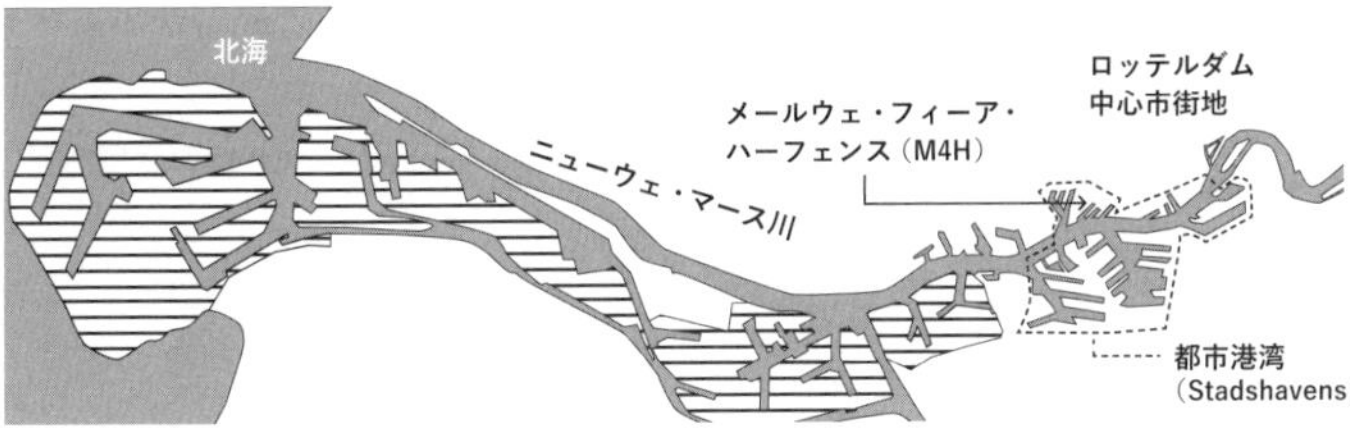

ら再開発の検討をはじめました。ちょうど横浜港が、南本牧ふ頭などの拡張に伴って市街地に近い港湾施設が不要となり、みなとみらいや山下ふ頭の再開発を進めているのに似ています。しかし、ロッテルダムは、商業・住宅開発に傾倒する横浜とは異なり、超長期の「トランジション」を見据えた戦略をとっているのです。

辺縁で創造する

都市港湾プロジェクト室は当初、1万5000世帯の住宅開発など、従来型のウォーターフロント開発を目論んだようです。しかし、地域のステークホルダーなどから異論が噴出し、トランジション・マネジメントによる検討をはじめることになりました。100名以上のフロントランナーの協力を得た再検討をおこない、2008年に「辺縁で創造する（Creating on the Edge）」という戦略を公表しています。この戦略は、デルタ技術（洪水防御などオランダが得意とする技術）の再構築、規模と価値、越境、浮体コミュニティ、持続可能なモビリティという5つの視点で構成され、それぞれについて2040年のビジョンと、2025年の目標、2015年までの具体的対策などが示されています。戦略には「エネルギー・トランジション」[※45]などの記述が多数見られ、この時点でトランジションをかなり意識した内容となっています。なおこの戦略は2011年9月に、ロッテルダム市議会が「ロッテルダム港構造ビジョン」という文書を採択し、予算等の裏づけを得ています。

次いで、個別のエリアにおける検討が進められましたが、ここではとくに、さまざまなトランジション実験を実際に観察することができるメールウェ・フィーア・ハーフェン（Merwe-Vierhavens）地区、略してM4H地区に着目します[※46]。M4H地区は、行政区としてはロッテルダム市の東端に位置し、200haに及ぶ面積を有します。ロッテルダム中央駅からたった3㎞程度の場所に位置し、地下鉄マルコーニプレイン駅にも隣接しています。1970年代の改修で、M4H地区は果物や野菜の取り扱いに特化し、海外から運ばれてきた青果品の積み替えで繁栄しました。まだ機能移転は完全に終わっていないので、2022年現在でもM4H地区の一部に、青果品を扱う物流機能が残っていて、大型トラックが行き来しています。

[※45] 最近では「エネルギー転換」と訳されることもある概念。化石燃料以外のエネルギー源へのトランジションを意味し、日本語の「脱炭素」とほぼ同じ意味。

ロッテルダム港湾局は、M4H地区の2042年に向けた戦略を考えるため、2010年から2011年にかけて、20名弱のフロントランナーを交えたワークショップを3回開催しました。このワークショップを通じて大きく2つの未来ビジョンが創出されて、報告書「砂漠から金鉱へ（van woestijn naar goudmijn）」にくわしく記載されています。

ひとつは「自由都市」のビジョンで、国内外から集まる起業家が容易に起業し、イノベーションを自由に創発できる空間です。もうひとつは「都市オアシス」のビジョンで、海上居住や都市農地の活用によって、ロッテルダムにおける持続可能な資源循環の実現が描かれています。どちらかに絞るわけではなく、これら2つのシナリオを念頭に置きながら、M4Hにおけるトランジション実験がさまざまな形で展開されることになります。

M4Hでのさまざまな実践

地下鉄マルコーニプレイン駅を降りてM4H地区を訪れると、まず目に入るのが、2013年に整備された屋上公園「DakPark」です（写真6〜8）。M4H地区と市街地を隔てる幅80m、延長1・2㎞の空間に、スーパーマーケットなど小売店が多数入居する低層のビルが建築され、その屋上は公園として一体的に整備されています。もともとこの土地は、M4H地区で荷揚げされた貨物を積み込む貨物駅だったそうです。港湾と反対側は緩やかなスロープになっていて、

［※46］フィーア（Vier）はオランダ語で「4」の意味なので、略してM4Hとなります。

隣接する居住中心の街区側から見ると、商業施設はまったく見えず、緑で覆われた公園が広がっているだけのように感じられます。こうして、既存の市街地からM4H地区へと、都市の連続性を演出しているのです。

DakParkはトランジション実験というよりは、大規模な公園・商業の施設整備ですが、フィーアハーフェンス通を渡って、倉庫が建ち並ぶM4H地区の中心部に足を踏み入れると、そこはトランジション実験の宝庫です。

まず目に入るのが、壁画が描かれたKeilewerfの倉庫。その中は、いわゆる「メーカースペース」となっています。これは、家具や芸術作品など、なにかをつくりたい人たちが共用できる工房で、自由に制作に取り組むことができる空間となっています。またその材料も、建築廃材などをリユースした素材を販売するBuurmanという倉庫内の店舗で手配できます。トランジション・マネジメントのシナリオで描かれた、イノベーションと循環経済の両立を体現している空間と言えます。

さらに奥に向かって歩いていくと、公園にしては草木が多く、少し鬱蒼《うっそう》とした空間が現れてきます。これが「ロッテルダム・フード・ガーデン（Voedseltuin Rotterdam）」で、市内の貧困層に無料で食料を届ける「ロッテルダム・フード・バンク」に野菜を供給するための菜園です。この菜園では、農薬や化学肥料を用いないパーマカルチャーを実践しています。これも、食も含め

写真6、7、8　Dakparkの上部は広々とした公園、下部はショッピングモール（筆者撮影）

写真９　ウォーター・タクシーの停留所（筆者撮影）

た資源循環を都市内で実現するという、挑戦的なトランジション実験だと言えるでしょう。しかもその実験が、以前は遠く海外から野菜や果物を輸入するために利用されていた港湾でおこなわれているというのもまた、象徴的です。都市の持続可能性を高めるには、食についてもローカルな循環が重要ですから、輸入から、都市内での食料生産へのトランジションの可能性をまざまざと見せつけています。

すでに廃止された青果市場の建物を横目に西へと歩みを進めると、水辺に浮き桟橋が見えてきます。これが「ウォーター・タクシー」の停留所です（写真９）。これは、Ｍ４Ｈ地区だけでなく、前節で紹介したモビリティ・アリーナのトランジション実験でもあります。ロッテルダム市はニューウェ・マース川の南

写真10　Floating Farm（筆者撮影）

側・北側に広がっていますが、川を横断する橋の数は限られるため、どうしても地域が分断されてしまいます。多様なモビリティを提供するMaaSを展開するためには、舟運が必要不可欠。そこで、川の両岸をつなぐウォーター・タクシーが運航しはじめているのです。

さらにM4H地区の西端のあたりまで歩いていくと、水上に巨大な四角形の浮体構造物が浮かんでいるのが見えてきます（写真10）。そして、都市や港湾ではまず嗅ぐことのないだろう「あの臭い」が漂ってきます。近づいてよく見てみると、構造物の中にはなんとたくさんの牛が飼われているではないですか。これが「Floating Farm」で、水上で持続可能な酪農をおこなう、実験的な取り組みなのです。単に見世物として牛を飼っているのではなく、実際に乳製品を製造していて、隣接する事務所では新鮮なミルクやチーズなどが販売されています。筆者が訪問した際も、近隣住民と思しき人々がひっきりなしに訪れ、搾りたてのミルクを購入していました。資源循環には最大限の配慮が見られ、牛の餌として、ロッテルダム市内のビール醸造所から出た麦汁の搾りかすなど、近隣で発生する廃食材も利用しているほか、牛の糞は家庭菜園などの肥料として販売しています。このような、これまでの都市では「非日常」であることを、身近な「日常」としてロッテルダム市民が体験していくことで、あたりまえが置き換わるのです。

都市の多様性

さて、これらの実践がロッテルダムにおいて今後、どのような影響を与えていくのでしょうか。単なるエキセントリックな実験で終わってしまうのでは、トランジションとは言えません。ロッテルダム市内の他地域では、不動産投資を呼び寄せそうなコンドミニアムなど、東京や他の大都市とさほど変わらない再開発も進められています。しかし、それらと同時に持続可能な都市を模索する空間が、M4H地区やその他の都市港湾に存在することが、ロッテルダムのユニークさであり、魅力の源泉となっています。実際、最近までM4H地区内に存在したUit Je Eigen Stadという都市農園兼レストランは大人気でした（残念ながら組織のガバナンスが問題で廃業)。また、都市港湾のひとつのRhine-Maashavenに存在するFenix Food Factoryは、持続可能性に着目したさまざまな食品関係の事業者やレストランが出店していて、いまではロッテルダムのフード・シーンを語るうえで欠かすことのできない存在となっています。公有地を払い下げて民間大手デベロッパーのオフィスビル・商業開発に任せるというのは、短期間で成果が見えるので、役人にとって無難でありがちな解決策です。それを回避し、新奇性の高いニッチ事業を意図的に育成するロッテルダムのトランジション実験は、これからの都市の礎となっていくことは間違いないでしょう。

国際建築ビエンナーレ

ロッテルダムの重要なイベントのひとつに、ロッテルダム国際建築ビエンナーレ(International Architecture Biennale Rotterdam、略称ＩＡＢＲ)が挙げられます。２００３年に第1回が開催され、その後約2年に1回開催されるこのイベントでは、「建築」に関連して世界のさまざまな作品や事例が紹介されます。ＩＡＢＲの特徴的なところは、「建築」といいつつも、都市や環境の諸問題がテーマに据えられることが多く、これまでに、「モビリティ」「治水」「世界経済」などをテーマに開催されてきました。そして第10回を迎える２０２２年のテーマはなんと、「トランジション」でした。

そのタイトルは「それは時間の問題だ（IT'S ABOUT TIME）」。メインの展示では、1972年に発表されたローマ・クラブの「成長の限界」を起点に、過去50年間、地球環境と都市・建築の文脈で人類が経験してきたさまざまなトランジションのなかで、実験的・挑戦的な活動や都市計画が果たしてきた役割が、図面、建築模型・ジオラマ、映像、芸術作品などを通じて紹介されていました。会場中央のワークショップなどをおこなうスペースの壁には、アート作品としてデザインされた巨大なXカーブが描かれており、キュレーターによるトランジションの解説や、ワークショップでの議論の土台として利用されていました。

建築に関するビエンナーレですから、やはり展示の中心は、気候変動対策に挑戦的な都市計画や建築物、建築技術の事例です。しかし、それらと同時に、第1章で紹介したエクスティンクション・レベリオンのデモ活動で実際に利用された横断幕や衣装など、ボトムアップのトランジションを意識した展示も多く見られます。さらに日本からは、建築士の岡啓輔さんがセルフビルドで蟻鱒鳶ル（アリマストンビル）を建築する姿をとらえた映像作品（Beka & Lemoineによる BUTOHOUSE）が、トランジションの起点となるラジカルな活動のひとつとして映写されていました。

ビエンナーレの会場は、M4H地区にあるFerro Domeという、直径約60ｍの真円形の展示場。トランジションの真っただ中にあるM4H地区でこのイベントを開催すること自体に、来訪者

写真11　巨大なXカーブの壁画を使って市職員などがワークショップをおこなっていた（筆者撮影）

写真12　会場は廃棄されたガスタンクの中（筆者撮影）

にトランジションを経験させる意図があるでしょう。また、会場のFerro Domeは以前、実際に使われていたガスタンクだったそうです。脱炭素で不要になったガスタンクの中に入るということにも、トランジションを体験させる意図を感じさせます。2022年9月22日から11月13日まで開催されたこのイベントには、のべ1万5千人が訪れ、ロッテルダム市民だけでなく、欧州や世界の多くの人々に、トランジションの可能性と重要性を伝えていました。

〈特別インタビュー〉

ダーク・ローバック

オランダ・トランジション研究所（DRIFT）代表

ロッテルダムのみならず、欧州のトランジション・マネジメントの研究と実践をけん引する、オランダ・トランジション研究所（DRIFT）。同所の代表であるダーク・ローバック教授に対面でインタビューする機会を得て、最新のトランジション事情について話を伺いました。本書ではこれまで、トランジション・マネジメントの基本的なところについて説明してきましたが、インタビューでは、新型コロナウイルス感染拡大などの最新動向を踏まえ、新しいトランジション・マネジメントの形を聞き出すことができました。

松浦：お会いするのは2年ぶりですが、その間、COVID-19が世界を大きく変えてしまいました。COVID-19によって、トランジションの分野で、どのような変化がありましたか。

ダーク：まず挙げられるのは、トランジションとデザイン思考との間に接点ができたことでしょう。

人々はCOVID-19を想定していませんでしたが、実際には起きてしまいました。この経験を通じて人々の想像力が広がり、トランジション・マネジメントについて対話をはじめるきっかけができました。以前は、トランジションは机上の空論だと言って、真剣に受け止めてくれない人もいました。COVID-19の感染拡大で、短期間で破壊的かつ大規模な社会経済システムの危機を経験したいま、短期的な経済対策で乗り切ることは、今回の危機に対する間違った対応であるかもしれません。これを機に、持続可能な変化へとつなげられるかどうかが鍵でしょう。

そこで最近、デザインの研究者や実務家との対話をはじめています。私たちはデザイナーのコミュニティと一緒に、イマジネーションの力、想像力を利用することを考えています。バックキャスティングとデザインを使っていかにトランジションを可視化できるか。リモートワーク、健康志向、食生活、その他身近にあるけれども深く考えていないさまざまな事象、それらのトランジションを可視化し、このCOVID-19感染拡大という瞬間をトリガーにして、想像力を掻き立てるのです。

二つ目の変化は、トランジションは将来起きることだと考える、一種の偏見からの脱却です。COVID-19を経験したことで、私たちはトランジションの真っただ中にいる、という認識が社会的に形成されつつあります。エネルギー危機や生物多様性の危機に対して、多くの関係者がトランジションに取り組みはじめたのです。

これまでのトランジション・マネジメントの議論では、チェンジメーカー[※47]やフロントランナーによる実験、アリーナによる連携構築などをずっと話してきました。しかし、権力や資金のあるステークホルダーがトランジションに真剣に取り組みはじめた場合、トランジションが政治的な議論へと進化します。COVID-19の影響もあってか、従来の体制側にいたステークホルダーが、自分たちのやり方を変えないといけないと認識しているのです。

たとえば、オランダでは豚を檻に閉じ込めて育てる集約畜産(intensive pig farming)を止めるように最高裁が判決を出したので、そのフェーズアウトが計画されています。しかし一部の農家は抗議し、業界も資金を提供し、対立はエスカレートしています。とはいえ、従来のステークホルダーのなかにもトランジションを求める声も強く、また同時に、トランジションにまだまだ抵抗する声もあります。このような状況でどのようにトランジション・マネジメントを進めるかが課題なのです。

また、金融システムに関して、20名程度からなるトランジション・アリーナのプロジェクトに自分も関わっています。オランダの金融システムの主要メンバー、つまり国立銀行の議長、大手銀行の頭取、大手保険会社、大手年金基金などが参加していて、まるで取締役会のようです。しかし、従来の経済や金融システムにある種の構造的な問題があると、誰もが感じはじめ

[※47] 従来とは異なる方法論をもたらす人。位置づけとしてはフロントランナーと同じ。

ていて、このような取り組みがはじまっているのです。

松浦：それは興味深いですね。トランジション・マネジメントとは、体制側のステークホルダーからの圧力に対抗して、未来を先取りするフロントランナーによるニッチ[※48]を、選択的に伸ばすことだったと思います。

ダーク：最近、トランジション・マネジメント1・0、2・0、3・0という概念を説明しています。松浦さんのおっしゃるモデルは、トランジション・マネジメント1・0です。これはXカーブの初期段階です。体制側のステークホルダーはトランジションにほとんど気づいてない状態です。少数のフロントランナーやチェンジメーカー、そして専門家などが、長期的な課題を認識して、トランジション実験やアリーナを通じて、従来の体制の不安定化に向けたトランジション・ストーリーを形成している段階です。

X曲線の不安定化が加速する段階に移ると、ニッチが構造のレベルの中にも見出せるようになってきます。つまり、企業や政府の中など従来の体制側にいたステークホルダーのなかにもトランジションに興味を持つ人が出てきたり、当初は先端的で実験的だったニッチがより一般化して安価になることで、構造のレベルへと近づきはじめたりします。これら2つの動きが統合されると、「トランジション・ネットワーク」が形成されます。

[※48] 特定の人々や地域で限定的に利用されている、一般とは異なる技術や方法論のこと。フロントランナーがおこなっていることもニッチに該当します。

図23　トランジション3.0

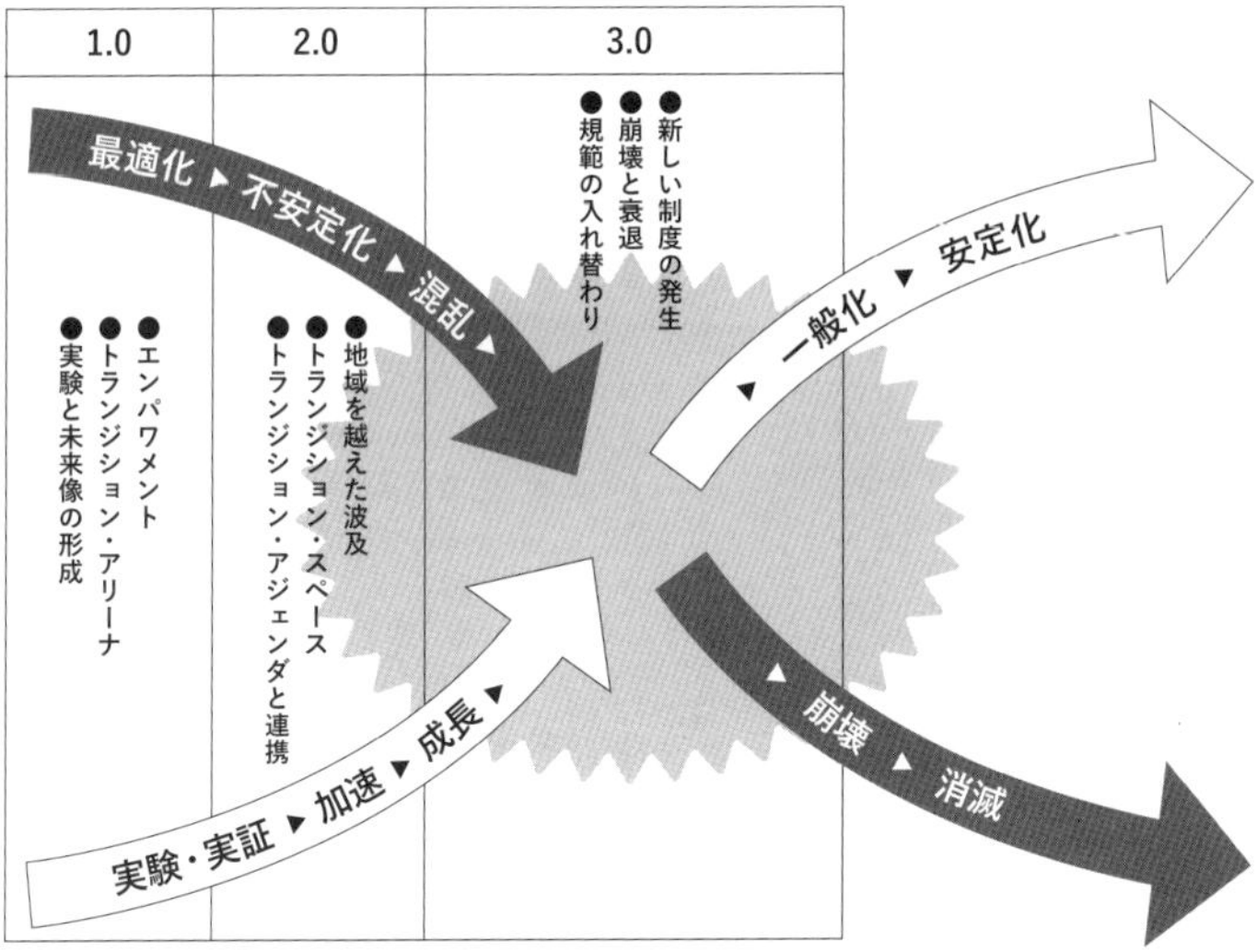

私たちが現在やろうとしていることは、トランジション・マネジメント3・0です（図23）［※49］。トランジション・マネジメントの原則は引き続き適用されます。しかし、状況に合わせて、手段を考える必要があります。

この段階でも、誰もが参加できるというわけではありません。1・0の当初は、体制側のほとんどの人々は長期的な課題へ関心がありません。そのような課題に関心があって、新しい解決策の試行にオープンな人々に焦点を当てるわけです。しかし、時間が経過し、トランジションへの圧力が高まるにつれて、多くのステークホルダーが理解をはじめます。たとえばロッテルダムでのモビリティ・アリーナですが、当初は小さなアリーナからはじめましたが、2019年にロッテルダム気候

［※49］ローバック教授提供の資料を筆者抄訳

合意（Klimaatakkoord）を検討した際には150人ほどが参加しました。これはトランジション2・0とも言えるもので、参加者は熱心な人々であることは変わりませんが、より大きな規模でおこなうことができました。

基本的に、Xカーブのなかで、不安定化の加速が見られる場合は、新たなシステムを模索する方向へと進みます。しかし、3・0の段階にまで至れば、新しいやり方を一般化、安定化する方法を考えます。システムを可視化して、確固としたイメージとして、人々がそれを信じられるようにすることです。また、なにを崩壊させ、段階的に廃止していくのかを明確に示し、実際に取り組んでいくのです。

松浦：2022年になって、ウクライナ侵略に端を発するエネルギー危機も起きています。短期的には再エネから天然ガスへの回帰が見られますが、エネルギー・トランジションに関して、ある種のバックラッシュ（反発）を感じますか?

ダーク：COVID-19と同様にシステムの危機ですから、その影響はよい方向にも、悪い方向にも転びえます。たとえば、人々はエネルギー消費を大幅に削減していて、ある意味、これまでもっとも成功した省エネ政策です。暖房に使うガスの価格が急上昇し、ヒートポンプや太陽熱暖房の市場が活性化しています。燃料価格の高騰で、持続可能ではない産業では工場閉鎖などの問題に直面し、誰もがエネルギーを強く意識するようになっています。化石燃料の価格が本来の姿に近づいたと言えるかもしれません。

一方で、政府の短期的な対応も見られます。エネルギー消費への補助金が出るので、エネルギーを浪費する裕福な人々や、持続可能な技術やエネルギー削減にまだ投資していない人々のほうが、より多くの補助を得ることになります。長期的にはエネルギー消費削減が必須になるのでよいのですが、短期的な対応は価格補助になりがちです。天然ガスの供給源も、カタールやサウジアラビア、さらには米国のシェールガスにまで手を出そうとしています。

再生可能エネルギーへのトランジションの開始が遅過ぎたことが問題に思います。現在の政策や投資計画などを見ていると、これから10年後には、暖房からモビリティまで、再生可能エネルギーによるシステムがヨーロッパに構築されているでしょう。しかし、まだそれは実現していません。ここでの問題は、カタールが天然ガスの30年契約を要求していて、オランダはいますぐ天然ガスを必要としていることです。一部の企業や政府はこの危機を利用して、化石燃料へのロックイン［※50］をむしろ強化するインフラストラクチャーや計画を構築させようとしています。

松浦：化石燃料からのトランジションを要求する活動家が、美術館で絵画にペンキを掛けたり、糊で体を貼りつけたりする事件も最近、続発していますね。

ダーク：そのような人たちがトランジション・マネジメントでいうところのフロントトランナー

［※50］特定の技術や方法論をやめて、新しい技術や方法論を導入したほうがよいことが理論的にわかっていても、制度的なしがらみや巨額の投資が必要なため、現実にはやめられないこと。

であるかどうかはわかりません。フロントランナーとは、常識に挑戦するオルタナティブを模索している人々です。しかしながら、この種のアクティビズムは、トランジションにおいて大きな役割を果たします。直接行動は、なにかを暴露し、なにかを混乱させ、そして会話を生み出します。ここオランダでも、美術館の件はネガティブな報道がされていますので、この種の活動の有効性は疑わしいかもしれません。

個人的には、彼らがなぜこういう活動をするのか、その背景についてある程度理解しているつもりで、彼らには同情します。体を糊づけするだけで世界が変わると思っているわけではないでしょう。むしろ、社会規範に疑問を呈することが目的の市民的不服従です。もちろん、大多数の人々は否定的な反応を示します。なぜなら、人々が抱いている規範意識に対して疑問を投げかけているからであり、人々はそういう疑問を投げかけられたくないからです。

しかし、こういう活動を通じて、より穏健な形での対話がおこなわれる空間が開かれるのです。最初は否定的な反応でも、うまくいけば、対話がはじまります。マーティン・ルーサー・キングの公民権運動、ガンジーの反植民地運動などはすべて、新たな選択肢を求める抵抗の形からはじまりました。私にとって、彼らのアクティビズムは魅力的ですし、国際建築ビエンナーレの展示がこれらの内容を含めたのも同じ理由です。

また、人々がこの種の行動にどのように反応するかで、トランジションのどこに人々が位置しているかを理解できます。つまり、人々がXカーブの左端で、最適化にまだ満足しているときに、「変わらなければならない」と言っても、その主張がばかげている理由や、できない理由を人々は考え出すでしょう。しかし人々が、自分に見えている現実、自分がふつうだと思っていることを疑いはじめたら、トランジションのはじまりです。人々は新しいシステムに対してよりオープンになり、より好奇心旺盛で、内省的になります。

松浦：残念ながら、日本では非暴力直接行動は否定的に捉えられがちなのですが。

ダーク：日本で直接行動が否定的に捉えられるのであれば、それは、日本の支配的な文化が、イノベーションやオルタナティブ、あるいはなんらかの形で体制に従わないものを抑圧していることを物語っていると思います。日本の文化が、伝統と継続性に満ちていることに、私は魅力を感じます。体制が整っており、非常に安定している。しかも同時に、技術イノベーションをたくさん実現してきています。

　日本はイノベーション、新しいもの好きのように思いますが……それは、技術イノベーションに限定されているのかもしれません。日本社会で困難なのは、社会イノベーションであり、物事を異なる方法でおこなうことに対しての反発かもしれません。それが蟻鱒鳶《アリマストンビ》ルの岡さんの映像を国際建築ビエンナーレの展示に含めた理由です。彼はあたりまえではないことをしているクレイジーな人ですが、また同時に、非常にありふれたふつうのことをしている人でもあります。そして、彼の行動はじつは奇妙ではないことを実際に示すことで、他の人もそういう挑戦ができることを示しています。ですから、日本でもできることなんですよ。

松浦：そうですね。ぜひまた日本にいらして、社会イノベーションの活性化をお手伝いください。ありがとうございました。

（取材　2022年10月）

コラム④ 人新世

近年流行したキーワードに第1章でお話しした「人新世《じんしんせい》」というものがあります。これは、産業革命以降の化石燃料利用によって人間社会が地球に与えた影響があまりに大きかったので、新たに設けられようとしている地質年代です。

約1万年前から現在までは「新生代」のなかの「完新世」である、とこれまで定義されてきました。しかし、この完新世はもう終わっていて、100年くらい前から新しい時代に入ったのではないかと、自然科学の研究者たちが提唱しています。これが科学的に妥当なことかどうかは、自然科学の専門家ではない筆者には判断できません。しかし、人間活動が地球の営みに直接的な影響を与えるほどになったシンボルとして「人新世」という言葉が生み出されたという事実は、社会科学の研究者として見逃すことができません。

人類にとって、水は欠かすことのできない資源です。だからこそ、世界中に「雨乞い」の儀式がさまざまな形で存在します。雨乞いは、「天候などの地球の営みは、自分たちでどうすることもできない、神様かなにかが動かしている」という前提があるからこそ成立します。地球の営みはあまりに巨大で、ちっぽけな存在である人間の活動がそれを変えるなど、近代以前の人々は考えもしなかったのでしょう。

しかし、産業革命以降、化石燃料の利用などによって人間活動の規模が急激に拡大し、気づかぬうちに温室効果ガスを大量に排出し続ける社会をつくり上げました。その結果、これまで神の領域とされてきた地球の営みにまで影響を与えはじめてしまったのです。

ここで、マルチ・レベル・パースペクティブのことを思い出してください。基本的に、構造の側がランドスケープから一方的に影響を受けます。しかし「人新世」は、化石燃料を利用する人間社会という構造が、地球というランドスケープに影響を与えたからこそ新設されたのです。産業革命以降の構造がランドスケープを変えてしまったからこそ、気候変動という下向きの影響が生じて、今度は構造を変えなければ生き残れない、という反復が生じているのです。ですから、気候変動は地球からの「しっぺ返し」と言うことができるかもしれません。この壮大なしっぺ返しをこれからどうすればいいのかが、私たちに突きつけられた課題なのです。

第5章

今日からはじめるトランジション

TRANSITION

未来への希望としてのトランジション

思考の転換

本書は、人間社会にとってトランジションが必要不可欠であることを前提に話を進めてきました。しかし、「いままでどおり毎日、きちんと生活していれば、日常がこのまま続いていくはず」と思っている人も多いかもしれません。人間というもの、これまでのあたりまえが続いていくと思い込みがちな生き物です。これは心理学でいうところの「正常性バイアス」で、これがなければ、未来のことが不安でストレスが溜まり、心身が疲弊してしまうでしょう。

しかし、これから私たちとそれ以降の世代はなんらかの形で気候変動の影響を受け続けます。そして、その影響は次第に大きくなると、科学的には考えられています。地球温暖化をできるだけ抑え込むため、産業革命以降の化石燃料に依存する社会からの脱却、つまり脱炭素は、もはや後戻りできない世界的潮流です。

また、日本では人口減少がいよいよ大きな悪影響をもたらしはじめています。人口減少だけが原因とは言い切れませんが、明らかに人手不足が目立つようになり、国全体としての経済規模は縮小傾向にあります。とくに地方では、地域を維持するために必要な人材や財源を（補助金などに頼ることなく）持続可能な形で調達することが難しくなってきました。もちろん、政府の地方創生策などの介入で、地方部で活躍する地域おこし協力隊や移住者なども目立つようになってきてはいますが、**国全体の傾向としては、人口減少と少子高齢化が間違いなく続くので、事態は刻一刻と悪くなる一方です。**

　こういう言い方をすると、「暗い話ばかりで嫌になっちゃう」と思われるでしょう。書いている自分でも嫌になってきます。英語で「終末の日のシナリオ（apocalyptic scenario）」「最後の審判の日のシナリオ（doomsday scenario）」と呼ばれる物語は、とくにキリスト教、ユダヤ教の影響が強い社会では、ときおり語られるものです。そんなこともあって、この世の終わりに対する恐怖心を煽ったうえで、救済を騙って信者を集めるカルト宗教なども多く存在します。気候変動も人口減少も、一種の終末のシナリオのように聞こえるかもしれません。

　しかし、最後の審判は神によってもたらされるものです。唯一無二の絶対者による終末だからこそ、絶望感と無力感をもたらすのでしょう。しかし、気候変動や人口減少は神の思し召しではありません（そう信じている人もいるかもしれませんが）。これまでの人類の活動の蓄積が招いたものです。**人間が招いた事態であれば、人間の手によって改善することもできるはずです。**当初は想定できていなかった悪影響を止めること、あるいはその悪影響を逆手にとって、より持続可能な人類社会へとトランジションすること。これは、神に頼らずとも、私たちの手でできるはずなのです。

こう考えると、気候変動や人口減少は「絶望」ではなく、「課題」に過ぎません。

たとえば、脱炭素というトランジションの流れがあるからこそ、風力発電の分野では欧米のゼネラル・エレクトリックやシーメンスといった大企業が早くから投資して現在成功を収めていますし、世界的な自動車の電動化では中国のCATLやBYDなど、バッテリーで技術力を高めてきた新興企業が大躍進しています。人口減少だってこの逆境を機に、補助金依存のまちづくりから、クラウドファンディングや観光などまったく違う収入源を模索し、より持続可能な地域へのトランジションを目指している地方都市もたくさんあります。

トランジションが必要な状況にあることは、決して絶望を強いるのではなく、むしろこれまでの社会ではなかなか実現できなかった、まったく新しい世界を切り拓くチャンスがあるということなのです。そのチャンスをいかに活かすか、考えてみると、もっとおもしろい未来が見えてきますよね。仕方なく対応するトランジションではなく、自分自身がトランジションの主役になれる、トランジション・マネジメントを考えてみませんか。

冷笑主義は相手にする価値なし

最近は「冷笑主義」がSNS上で広まっていると言われます。傍観者の立場から匿名で、なにか真剣に活動している人たちのことを小馬鹿にするような言説は、目にしたことのある人も多いでしょう。トランジション・マネジメントのような前向きな活動に参加すると、自分も冷笑されるのではないか。そんな心配をしてしまう人もいるでしょう。

結論を言えば、あなたがトランジション・マネジメントに取り組む際には、冷笑主義的なコメントを危惧する必要はまったくありません。正当な批判は寄せられるかもしれません。現状維持志向のステークホルダーからの批判であれば、それは真っ向から対決しなければならないでしょう。反論するために自分もあらためて勉強しなおす必要があるかもしれません。トランジション・マネジメントの進め方に間違いがあるのであれば、素直に批判を受け入れて、活動方針を修正すべきです。そして単なる誹謗中傷であれば、それは法的措置を粛々と進めればよいのです。

冷笑主義者のコメントに一喜一憂しているようでは、なにもはじめられません。いずれにせよ、SNSなど、トランジション実験の拡大波及のための手段のひとつでしかありません。**トランジション・マネジメントに本気で取り組むのであれば、その目標は現場にトランジション**

を起こすことであって、SNSで「いいね」を貰うことではないのですから。

公正なトランジションという配慮

最近になって、トランジションの研究者や環境NGOの人々が「ジャスト・トランジション（Just Transition）」という単語を頻繁に使うようになりました。日本語だと「公正なトランジション」あるいは「正義あるトランジション」と訳せますが、「公正な移行」と訳されることも多いようです。これは、トランジションによって一部の人々に悪影響が及ぶことは不公正で、あってはならないことなので、公正なトランジションを目指すべき、という考え方です。

たとえばガソリン車を禁止するとして、BEV（Battery Electric Vehicle、バッテリーを積んだ電気自動車）に買い替えられる経済的余裕がある企業や個人は大きな影響を受けないかもしれません。しかし、資本力の弱い中小企業や貯金の少ない個人では買い替えが困難でしょうし、さらに自動車が業務や日常生活で必要不可欠な場合、トランジションが彼らの経営や生活をより厳しいものへと追い込むことになりかねません。結局、トランジションが貧富の格差を拡大させる危険もあります。このような格差拡大が世界規模で展開すれば、アフリカ等のいわゆる「グローバル・サウス」における貧困をさらに悪化させるのではないかという懸念を、研究者やNGOなどが指摘しています。

また、ＢＥＶのバッテリーにはリチウムやコバルトなどの金属資源が必要なため、鉱山での採掘を拡大していく必要があります。もしその採掘が、労働者にとって危険な環境で、しかも児童労働を用いるような形でおこなわれてしまっては、トランジションが不公正を助長することにもなりかねません。

このような懸念から、公正なトランジションを求める声が強まっており、「ジャスト・トランジション」と口にする人が増えているように筆者は感じています。しかし、本書で繰り返し述べているとおり、トランジションによって旧体制のステークホルダーは少なからず悪影響を受けます。その悪影響は不可避であって、むしろ旧体制の存続が将来世代に与える悪影響を放置することが将来世代に対して不公正だからこそ、トランジションを加速するのです。**「悪影響」があるトランジションをすべて止めるとなると、すべてのトランジションができなくなってしまいます。**むしろ、トランジションを進めることを前提としつつ、すでに存在する不公正が悪化するような事態が予測されるのであれば、それを修正するのが公正なトランジションの姿です。とくに、立場の弱い人々への悪影響を最小化するための措置が必要です。たとえば、失業する労働者に対し、新しいスキルを身につけて新しい職場を見つける支援をするなどの施策が挙げられます。しかし富裕層の投資家が損失を被ったとしても、それは不公正ではありません。

ただし、アリとキリギリスの話のように、トランジションに早くから自主的に取り組んできた企業や個人と、トランジションに取り組むことができるにもかかわらず後回しにした企業や個人がいたとして、前者よりも後者が厳しい状況に追い込まれるのは当然の報いです。できない人々への支援は必要ですが、いくら言ってもやらない人々まで相手にしていたら、トランジションは前に進みません。

公正なトランジションへの配慮が必要なことは言うまでもありません。しかし、将来世代を見据えた長期的な「公正さ」を実現するためのトランジションを、短期的にラクをしたい人々の利害を尊重するという「公正さ」のために犠牲にすることこそ「不公正」でしょう。今後、「公正なトランジション」という言葉を目にする機会があると思いますが、それがトランジションの内容をより公正なものに改善しようという目的で使われているのか、あるいはトランジションそのものを止めようという意図で使われているのか、読者のみなさんは注意して受け止めてください。

TRANSITION

日本でトランジションを起こすには

日本に根づく「不信」の伝統

日本では、「他人を巻き込んでなにかをする」こと自体に対して、不信感を抱かれやすいものです。

たとえば、新興宗教やネットワークビジネスも、ある目的のために他人を勧誘しているという点では、トランジション・マネジメントと似ているかもしれません。しかし、トランジション・マネジメントはあくまで、現状維持ができない社会経済システムから、持続可能な社会経済システムへの転換を目指すものです。もちろん宗教にハマっている人も、その信仰に持続可能な未来があると信じ切っているから、勧誘を通じて行動変容を要求してくるのかもしれません。しかし、トランジション・マネジメントは、信仰ではなく、自然科学や社会科学に基づいています。また、主催者が貢物や献金を要求することなど、トランジション・マネジメントではあってはならないことです。

ほかにも、街頭デモや市民運動のような政治活動に積極的な人たちに苦手意識を感じる人も多いと思います。じつは筆者も、昔ながらの市民運動みたいなものに対して、あまり好感を持っていないというか、近づきたくない気持ちがあるのも事実です。これは日本の特徴かもしれませんが、1970年ごろから一部の新左翼集団が過激化し、あさま山荘事件や大学構内での内ゲバなどを通じて、政治運動というものに対する恐怖感が広まったことも一因でしょう。その後もオウム真理教が地下鉄テロや監禁に及ぶなど、なんらかの「極端」な思想の下で行動する集団に対して、社会の警戒感は上昇し続けてきたように思います。

こう考えると、**日本社会はトランジションの芽が育まれにくい、むしろ摘まれやすい環境にあると**言えるのかもしれません。実際、第4章のインタビューでは、ローバック氏が「日本社会で困難なのは、社会イノベーションであり、物事を異なる方法でおこなうことに対しての反発」がある可能性を指摘していました。これは一朝一夕に状況が変わることもないでしょう。この難しい環境のなかで、いかにトランジション・マネジメントを実行するかを、考えなければなりません。

「ナッジ」というトロイの木馬

正面切って社会を変えていくと宣言しても、警戒されるだけかもしれません。トランジション・マネジメントは多くの人々の行動変容をもたらす必要がありますから、最初から警戒されてしまっては、なかなか前に進まなくなります。

ここで、「ナッジ」のような行動経済学の技法も利用できるはずです。たとえば、国連環境計画は、大学のキャンパスで環境配慮行動を加速するための「グリーン・ナッジ（Green Nudge）」のガイドブックを出しています（日本語版もウェブでダウンロードできます[※51]）。このガイドブックでは、大学の学食で提供するいちばん基本的なメニュー（たとえば日替わり定食）をあえてアピールせずに環境負荷の低いものに替えるとか、コピー機の初期設定を両面コピーに替えるとか、そういった小さな工夫が紹介されています。このガイドブックには「メニューの説明文に『ベジタリアン』や『ビーガン』といった言葉を使うことは避けましょう」という記述があります。そういう言葉を使うことで、多くの人たちがむしろ「押しつけがましい」と忌避してしまうことが、世界的に認識されているのでしょう。本当にそういうものを社会に広める必要があると思うのであれば、あえてその思いを隠して、「農園そだち」という言葉に置き換えるなど、日常のあたりまえのなかに忍び込ませて、行動変容を促すのです。

このナッジ戦略は、言い換えれば一種の「トロイの木馬」とも言えるでしょう。トロイの木馬とは、ギリシャ神話のひとつの逸話で、戦争で他国へ攻め込むとき、巨大な木馬像の中に戦士を潜ませて敵国の城壁の中に入り込み、敵の戦士たちが寝静まったころに木馬から出てきて敵を倒したというお話です。いまでは転じて、相手に魅力的に映るものの中に本来の目的を隠

[※51] 国連環境計画「ミニガイド　グリーンナッジ」https://wedocs.unep.org/xmlui/bitstream/handle/20.500.11822/33578/LBGN_JP.pdf?sequence=6

し、相手に受け取らせてから、相手の内部で目的を達成するという戦略を意味します。コンピューターのウイルスは、このトロイの木馬方式を利用することが一般的で、おもしろそうなアプリや重要そうな文書の中にウイルスを仕込んで、利用者が忘れた頃にパソコンの中で暴れ出すわけです。

ウイルスは悪い例ですが、トランジション・マネジメントでは、よい目的のためにトロイの木馬戦略を使えます。トランジションを志向していることを表に出さず、単純に消費者や住民が興味を持ちそうなイベント（たとえばスイーツの祭典とか、野菜の安売りだとか）として、トランジション実験をおこなうこともできます。最近よくあるファーマーズマーケットやクリエーターのマーケットのように、「おしゃれさ」を前面に打ち出したイベントで人を集めて、そのなかに資源循環とか無農薬とかいったコンセプトを忍び込ませて、いつの間にか消費者にとって「あたりまえ」のように思わせることができるでしょう。

また、高円寺で「素人の乱」というリサイクルショップを運営している松本哉さんの方法論も参考になります。これまで反原発デモをはじめ、街頭でさまざまな活動を模索されていますが、2016年刊行の『世界マヌケ反乱の手引書』では、社会の仕組みを変えるときに、理想社会を語って社会変革を待つのではなく、とりあえず変革後の社会を勝手にはじめちゃう「バカセンター」を提唱しています[※52]。難しいことを考える前に、とにかく「バカセンター」をつ

[※52] 松本哉（2016）『世界マヌケ反乱の手引書』筑摩書房

くって、そこに人が集まり、実践が広まることで、いつの間にか新しい世界が生まれているという構想は、ボトムアップの実践を契機に社会を変えようとするトランジション・マネジメントと親和性の高いものです。

ナッジもトロイの木馬も、一種の「罠」で、「倫理的にマズいんじゃないの？」と思われる向きもあるでしょう。ナッジについても以前からそういう面での批判を受けているのですが、ナッジという概念を広めたキャス・サンスティーンは「リバタリアン・パターナリズム」と言って、ある特定の選択肢を強制しているわけでもないし、公共的な意味があると思ってやっていることなんだから許容されるべきだと主張しています[※53]。トロイの木馬のような戦略も、持続可能な未来へ社会を誘導するためのものであれば、許容される「罠」といってよいのではないでしょうか（もちろん宗教団体やマルチ商法がまったく同じ手口で勧誘する「悪質」なケースもたくさん存在しているので、気をつけましょう）。

[※53] Sunstein (2019) *How Change Happens*, The MIT Press

TRANSITION

小さくはじめて、大きく実らせる

外部性

これまでお話ししてきたトランジションが扱う問題は、自分ではどうしようもない、世界や日本全体で解決しなければならない、とてつもなく大きな問題のように思えてしまうかもしれません。あまりの大きさに「自分には関係ない」「どうしようもない」と思ってしまうかもしれません。

たしかに気候変動への対応、とくに二酸化炭素の排出削減は、世界で同時にやらないと意味がありません。日本だけ、あるいはアジア諸国だけで脱炭素を実現したとしても、地球上の他の場所で変わらずに二酸化炭素を排出していたら、結局、地球温暖化と気候変動の改善は期待できません。大気には国境がなく、地球上を自由に漂うので、削減の努力をした国だけがメリットを得られるわけではないのです。ならば自国はできるだけ努力しないで他の国にがんばってもらって、そのメリットにあずかってしまおう、と考えるのが合理的な選択です。必要な費用を払わないで外部性の高い公共財を利用する人のことを、経済学では「フリーライダー」と言いますが、フリーライダーを排除できない構造のなかでは、誰しもフリーライダーになろうとしてしまうものです。もしすべての国がこのロジックで意思決定をすれば、最終的に誰も努力をしなくなります。こういった理由からも、気候変動対策はなかなか前進しないのです。

とはいえ、気候変動は世界を自由に移動できる「大気」を相手にしているという点で、かなり特殊な部類の課題といえます。日本国内の人口減少の問題で考えてみましょう。たしかに日本全体の課題ではありますが、市町村やもっと小さな集落（コミュニティ）でトランジションの努力をすれば、その見返りは、努力した人たちのもとへ返ってくるはずです。北海道の知床の人たちが人口減少対策のために費やした努力の見返りを、沖縄の与那国島の人たちが受ける可能性は、きわめて低いわけです。

自分がいくら努力したとしても、努力しない他人にメリットが行きわたってしまうことを経済学では「正の外部性（positive externality）」と言います。第1章で説明した「外部不経済」とは正反対の現象です。二酸化炭素排出削減のように外部性が高い問題については、一人で努力しても問題は解決しませんし、だからこそ、国連の気候変動枠組条約のように、世界中の関係者をすべて巻き込んだ合意が必要になります。逆に外部性が低ければ、少人数でも努力すれば、その見返りは自分たちのところへ返ってきます。

ですから、トランジション・マネジメントに取り組むときにも、外部性の低い問題であれば、少人数でできることはたくさんあります。さきほどのように、人口減少に対応した地域活性化などは、集落単位ではじめても、きちんと集落に見返りはあるはずです。最近よくいわれるデジタル・トランスフォーメーション（DX）なども一種のトランジションですが、DXによって、組織の内部で一時的に不利益を被る人がいるにせよ、トランジションが実現した暁には、組織の人たちにメリットが行きわたることでしょう。取引先など組織外の人たちにも便益が行きわたる正の外部性の可能性はもちろんありますが、便益の大半は組織の人たちに帰結するはずです。ですから、「規模が大き過ぎてトランジションなど自分には関係ない」というのは、狭い視野でトランジションを捉えていることになります。**あなたが関わることができる規模のトランジションの芽は、身の回りにたくさんあるのです。**

コロナ禍で身近になったトランジション

とはいえ、「トランジションは絵空事なんじゃないか？」という疑念は、筆者も抱えていました。しかし最近、その疑いが吹っ飛ぶような出来事がありました。それが２０２０年からはじまった新型コロナウイルス感染拡大です。みなさんもよく知っているとおり、これはとんでもない影響を私たちの社会にもたらしました。直接的には全世界で死者６００万人以上と言われるパンデミックとなりましたが、影響はそれだけではありません。感染拡大防止のために、社会のありとあらゆる側面に影響が生じましたし、それらの一部はまさしくトランジションだったのです。

日本国内でいちばんわかりやすいトランジションは、テレワークの普及でしょう。従来は職場に行って働くのがあたりまえで、たとえ自宅勤務が技術的にも内容的にも可能であったとしても、組織の文化や新しいものへの恐怖感など、さまざまな障壁が理由となって、テレワークは進みませんでした。しかし今回のコロナ禍を契機に、多くの企業がテレワークを導入せざるをえない状況に至りました。これまでの有形無形のさまざまな障壁が、コロナ禍によって一気に吹っ飛んだのです。そしてテレワークが一度はじまってみると、感染防止だけでなく、そもそも労働の形態として便利だという認識が広まり、感染リスクが低くなったとしても、多くの企業がテレワークを継続する流れが生まれています。

また、リモート会議も新しいあたりまえになりました。筆者は昔からリモート会議を推していて、10年くらい前から官公庁の会議などもリモートでの出席を要求しており、ある意味フロントランナーでした。意外と受け入れてもらえることもあれば、「面倒な人」という目で見られて、受け入れてもらえないこともありました。

しかし、今回のコロナ禍で、一気にリモート会議が広まりました。以前は「どうやってやればよいのかわからないです」「機材がありません」といった理由で、対面の打ち合わせが必要になることも多かったのですが、いまではリモート会議が前提になっていることも多いです。これも大きなトランジションです。

ほかにも職場、学校、居住地域などでさまざまなトランジションを、みなさん一人ひとりが経験してきたことと思います。第4章のインタビューでローバック氏が言っていますが、トランジションを理解するうえで、コロナ禍によるさまざまなトランジションはとても「有益」だったのではないでしょうか。トランジションなど面倒で迷惑だ、と思われるかもしれませんが、いちど経験してしまえば、変わらない、実現しないと思っていた未来が突然やってくることは実感できるでしょうし、そしてその未来は意外と「便利」な世の中なのです。

もし、トランジションの結果がよくなければ、元に戻せばよいだけです。実際、小中学校の教育はコロナ禍以前の形態に戻ってきているように思います。子どもたちは一時期、自宅学習を強いられましたが、「物理的にまわりに同級生が存在しない環境はさすがに『学校』じゃないよね」というコンセンサスができあがったように思います。もちろん、学級閉鎖時にリモート会議のシステムが利用できるようになったり、タブレットの電子教材が広まったりといったトランジションは見られますが、自宅学習はあくまで緊急避難的な措置で、持続可能なシステムへの転換という本当の意味でのトランジションではなかったようです。

日本の身の回りにあるトランジション

マイカーの電動化

コロナ禍は強制的に押しつけられたトランジションですが、トランジションを事前に察知して、加速することこそが、トランジション・マネジメントです。そこで、これから日本でトランジション（・マネジメント）が必要だと思われるテーマをいくつか紹介します。規模の大きなものもあるかもしれませんが、なかには私たちが取り組めるテーマもあるはずです。

まず、意外と多くの人が気づいていないようですが、自動車の電動化はこれから一気に進みます。脱炭素を目指すにあたり、いちばん身近に存在する化石燃料のひとつが、自動車の燃料（ガソリン、ディーゼル燃料）だからです。日本の運輸部門のCO_2排出量のうち、自家用乗用車による排出は44％を占めていますから、マイカーの脱炭素は必須です［※54］。その解決策として、日本では水素と燃料電池を使う方法が真剣に模索されて、トヨタはＭＩＲＡＩという乗用車を市販しています。しかし世界の直近の動向をみれば、水素はマイナーな選択肢になりつつあり、巨大なバッテリーを積んだ電気自動車、ＢＥＶへのトランジションが急速に広まっています。

［※54］国土交通省「運輸部門における二酸化炭素排出量」https://www.mlit.go.jp/sogoseisaku/environment/sosei_environment_tk_000007.html

もちろん、現在ではＢＥＶの製造過程でCO_2を排出しますし、バッテリーの製造でもCO_2を排出しますし、充電につかう電気が火力発電でつくられていればCO_2を排出しているので、電動化が脱炭素に本当につながるのか、という疑問は残ります。「自動車に乗るのをやめて、自転車や徒歩で生活するのが本当の脱炭素へのトランジションだ」と主張する人たちもたくさんいます。

しかし、最近の世界の動向を見ていると、まずはとにかくガソリン車・ディーゼル車（これらの内燃機関車をまとめてＩＣＥ車（Internal Combustion Engine）と呼びます）からＢＥＶへと置き換えようという動きが急加速しています。ＢＥＶの普及は、第2章で紹介したSカーブでいうと、左端の緩やかな上昇から真ん中あたりの急上昇するフェーズへと差し掛かりかけている感じです。市場導入ではテスラや中国のＢＹＤなど新興メーカーが先陣を切りましたが、２０２２年に入って欧米の大手メーカーもこぞってＢＥＶの新モデルを発表し、バッテリーの技術開発と工場新設への投資を表明しています。米国内のＥＶ市場はテスラがけん引してきましたが、２０２２年にはフォードがＥＶの販売数を倍増させ、テスラを猛追している状況です。

「自家用車が電動になったところで、プリウスのようなハイブリッドカーが普及したときと同じで、トランジションというほどの大騒ぎにならないんじゃないか」と思われるかもしれません。しかし、電動化は自動車単体だけでなく、社会経済システムも変化させます。

たとえば現在、自動車の税制を抜本的に変えて、走行距離に基づき徴税しようという動きが全世界で出ています。従来は、ガソリンに課税すれば道路利用に応じて「公平」に徴税できましたが、電動車の充電に限定した課税は困難なので、各車両の走行距離を把握して徴税する必要が出てきました。また、ガソリンスタンドが不要になる代わりに、急速充電が可能な駐車場が全国津々浦々に必要になります。ショッピングモールの駐車場も、すべての車室に充電器が設置される未来が来てもおかしくありません。このように電動化が進めば、社会のいろいろな場面で変化を目撃することになるでしょう。

では、電動化へのトランジション・マネジメントとして、私たちになにができるでしょうか？　もちろん、個人でマイカーを持っている人は、いち早くＢＥＶに乗り換えるのも、フロントランナーになれるチャンスです。２０１０年ごろから日産リーフのようなＢＥＶに乗ることは可能でしたが、充電インフラの不足などが理由で、遠距離移動にはそれなりの知識と度胸が必要でした。しかし、これからトランジションが加速すれば、10年前に比べればずっと容易にＢＥＶに乗り換えられるはずです。筆者は２０２３年４~5月にＢＹＤ社のＢＥＶを１カ月試乗する機会を得ましたが、買い物などの日常利用だけでなく、北関東をめぐる４００㎞くらいのロング・ドライブでも、まったく問題なく使えました。

また、充電インフラが不十分な現状がやはり不安であれば、ＰＨＥＶ（Plug-in hybrid electric

vehicleの略、ハイブリッド車）という選択肢もあります。車種にもよりますが、最近のＰＨＥＶはバッテリーによる走行距離がかなり延びて、よほどの遠距離移動でなければＢＥＶとして使えます。筆者もバッテリーだけで１００㎞走行できるＰＨＥＶに最近乗り換えましたが、ほぼＢＥＶとして、まったく不便なく使えています。

さらにトランジション・マネジメント、という観点であなたができることもあるかもしれません。会社勤めであれば、社用車をＢＥＶに転換するプロジェクトを考えてみることもできるでしょう。いきなりＢＥＶに全部入れ替えるのではなく、１〜２台の少数からはじめて、戦略的に拡大波及することで、いつの間にかＢＥＶに置き換わっている流れをつくることが、トランジション・マネジメントの戦略です。あるいはすでにＢＥＶに乗っている人であれば、地域のなかでＢＥＶに乗っている仲間たちとつながって、公共施設の駐車場に充電施設の設置を要求するなどの活動をはじめてもよいでしょう。単に要求するだけでは従来の陳情と同じですが、みんなで10年後の地域におけるＢＥＶの姿を描いて、そこからの逆算で地域になにが必要かを考えて戦略的に要求し、またＢＥＶ乗りの仲間を増やす拡大波及がうまくできれば、トランジション・マネジメントの成功です。

なお、ＩＣＥ車の新車販売を２０３５年に全面禁止する方向で欧州連合が検討していましたが、ドイツやイタリアなど自動車産業を抱える一部の加盟国が反対した結果、e-fuelという合成燃料を使ったICE車の販売を容認することになりそうです。これもまさに電動化がトランジションである証拠で、第2章で説明したように、旧体制のステークホルダーはトランジションを止めようとする、抵抗勢力になるのです。e-fuelの生産には大量の電力を必要とし、わざわざe-fuelに転換せずに電力をそのままBEVで使ったほうが圧倒的に効率がよく経済性も高いので、e-fuel容認が電動化のトランジションを止めることはないはずですが、このような「抵抗」はしばらく見られることでしょう。

電力とエネルギー

脱炭素で石炭をはじめとする化石燃料の利用が不可能になることから、発電の方法が大きく変わるであろうことは、前々から言われていることです。では、この「エネルギー・トランジション」は、日本でいまどうなっているのでしょうか。じつは、石炭・石油・天然ガスを利用した火力発電の割合が2010年の65・4%から2021年には72・9%へと、むしろ増えている状況です[※55]。東日本大震災以降に原子力発電所がほとんど使われなくなったこともありますが、日本のエネルギー・トランジションは、むしろ逆行しているのです。

しかし、気候変動枠組条約に基づき、日本は温室効果ガスの排出削減を2030年度に2013年度比で46%削減することを約束しています。日本が条約をきちんと守る国際的に責任の

[※55] 資源エネルギー庁（2023）「総合エネルギー統計」

ある国家であり続けるのであれば、最近まで放置してきたエネルギー・トランジションを急加速させざるをえません。そこで、原子力発電所の再稼働を進めるようになりました。原子力発電の利用が持続可能なトランジションと言えるかどうかはおおいに議論のあるところでしょうが、再生可能エネルギーへの転換も、原発の再稼働も、どちらも実行できていなかった過去の政権のツケを、いまの政権与党が払わされているというのが実態でしょう。

　さて、大きな話はさておき、今後身の回りでどのような影響が予想されるでしょうか。国際法の約束を守ろうとすれば、これから短時間で、再エネや原子力発電の利用に大きく舵を切らなければなりません。それでも2030年には間に合わないので、開発途上国などから排出権[※56]を購入しなければならないとも考えられています。いずれにせよ、これらは非常に大きな費用負担となり、電力価格は上昇せざるをえません。

　結果としてエネルギーが高価な時代へと突入する可能性があります。もちろん再エネが本当に普及すると発電コストが激安になるという説もあるので、超長期のトランジションを考えれば、エネルギーコストを心配する必要はないかもしれません。ただし10年程度の見通しを考えるのであれば、再エネに巨額の設備投資が必要となるので、電気代が高くなる未来を想定しておいたほうがよさそうです。

　さて、そこで個人や企業にとって、どういう対応が考えられるでしょうか。ひとつは自衛手

[※56] 気候変動枠組条約（パリ協定）に基づく温室効果ガス排出削減の約束を、自国内での削減だけでは実現できないことから、海外（とくに途上国）に資金供与・技術供与などをおこない、そこでの削減の一部を自国内の削減量に「移転」させる仕組みが、パリ協定の枠組みに盛り込まれています。

段として、できるだけエネルギーを自給自足することが挙げられます。わかりやすいのは屋根上の太陽光発電で、戸建住宅に住んでいる個人であれば対応しやすい選択肢でしょう。蓄電池を使って昼間につくった電気をためて夜に自家消費すれば、電力会社の電気代が上がっても影響は小さくなります（もちろん日当たりが悪い家ではダメですが）。集合住宅の場合、個々の住宅で電力契約を結んでいたら自家発電は難しいですが、高圧一括受電といってマンション全体で電力会社と契約し、屋根上太陽光などの自家発電分をマンション全体で共有したうえで、残りの電気代を各世帯に徴収するシステムもすでに実用化されています。すでに実行している企業も多いでしょうが、工場等の屋根を使った太陽光発電導入を加速させることも一つの防衛策でしょう。また、これもすでにおこなわれてはいますが、エネルギーの消費をより一層抑制するため、建物の断熱や冷暖房機器の更新といった省エネ投資も必要でしょう。

ただ、エネルギー・トランジションのためのトランジション・マネジメントとして重要なプレーヤーは、やはり地域の行政です。日本ではなかなか広まりませんが、地区の電力網を独自に運用する「マイクログリッド」という仕組みは、うまく運用できれば、電力価格の変動による影響を小さくできる可能性があります[※57]。もっと現実的な手段として、地域が生き残るために、地域内の世帯や事業者による自家発電や省エネを促すため、行政としてトランジション・マネジメントを活用していくことも考えられます。いままでのように単純に補助金を出す

[※57] ただし、自家発電などをうまく利用できなければ、むしろコスト高となる可能性もあります。

だけでなく、地域の中で先進的な取り組みをしているフロントランナーを探し、地域の特性に即した未来ビジョンを検討し、そこからの逆算でトランジション実験を進め、地域のエネルギー自給率を高めるような取り組みが、これから必要になってくるでしょう。

あなたが行政職員でなくても、そういうことを推し進めようとする候補者を選挙で応援することで、地域が生き残るためのエネルギー・トランジションを加速することもできます。いずれにせよ、エネルギー価格の高騰はきわめて不都合な真実なのですが、将来、パニックにならずに冷静に対応するためには、いまのうちから構造的な問題を直視して、個人、企業、地域でできるかぎりのエネルギー・トランジションの加速を図るしかないのです。

民主主義

ちょっと大きな話になりますが、じつは「民主主義」も、アップデートが必要だと言われています。これまで民主主義といえば、国や地域のリーダーを国民や住民が選挙で選ぶこと、と考えられてきた節があります。しかし、普通選挙の制度は世界的に見ても175年程度の歴史しかありませんし、しかも女性が投票できるようになったのは100年前ほど、日本では約80年前です。ですから、選挙制度はそれほど歴史の長いものでもありませんし、民主主義の手段として絶対的に正しいという保証はありません。

たとえば、2021年の衆議員選挙では、小選挙区での投票総数に占める自民党候補への投票数は48%でしたが、議席では65%を占めています。もちろんこれが「間違っている」わけではありません。ただ、小選挙区という選挙制度が、各選挙区の中で最大票数を獲得した候補者1名が当選する仕組みで、落選した候補者への投票は議席にまったく反映されないだけなのです。そのようなルールの下で議席を獲得した議員にはなんの責任もありませんが、自民党以外の候補者を選んだ52%の票が、35%の議席でしか反映されないようなルールでよいのか、という疑問も浮かびます。

ドナルド・トランプ氏が選挙で米国大統領に選ばれてしまったということも、選挙が民主主義を実現する手段として「本当に正しいのか」という疑問を人々に突きつけたようにも思います。日本を含め世界中で、科学的合理性のある政策よりも人々の情動に訴えかけるポピュリスト政治家の台頭、政治の世襲化を目の当たりにして、社会的な意思決定の仕組みとして、「選挙によって代表者を選ぶ民主主義は有効なのか?」と世界が疑心暗鬼になってきているようにも思います。

そこで、選挙ではない民主主義の形を模索する動きが活発になってきています。とくに最近になって、気候変動政策の文脈でにわかに活気づきはじめました。それが「気候市民会議（Climate Assembly)」という取り組みで、無作為抽出で選ばれた国民や市民が、気候変動対策について議論し、政策提案をおこなうというものです[※58]。無作為抽出で選んだ人々に政策を検討してもらう取り組みは20年以上前から存在してはいるのですが、フランスのマクロン政権が黄色いベスト運動[※59]との交渉の結果、気候変動政策の検討に同様の仕組みを用いることになったことから、俄然注目を浴びるようになりました。

そして最近、気候変動に限らず、無作為抽出すなわち「くじ引き」で選ばれた人々が政策を決めるべきではないかという主張が出てきて、「くじ引き民主主義（ロトクラシー）」と呼ばれています[※60]。議員を選挙ではなく、市民や国民のなかから無作為にくじ引きで選んだら、世の中どう変わるでしょうか？　もちろん、「専門知識がない人を議員にして大丈夫なのか？」とか「仕事があるのに議員を4年やれと言われても困る」とか、課題はたくさんあるでしょう。しかし、日本でも裁判員制度といって、くじ引きで選ばれた専門性のない国民が裁判に参加する仕組みがすでにできています。選挙による民主主義の行き詰まりに直面しつつある現在、民主主義の新たな実践の形を模索する時期が来ているのかもしれません。

その正解がくじ引き民主主義かどうかはわかりませんし、他にもさまざまな概念、実践が模索されるべきとは思いますが、これから民主主義の実践において、大きなトランジションが生じる可能性があります。気候市民会議はその模索におけるひとつの、失敗の可能性もあるトランジション実験であって、今後、さまざまな模索が世界中で進められるでしょう。日本国内の

[※58] 三上直之（2022）『気候民主主義』岩波書店
[※59] 2018年から2019年にかけてフランスで活発化した市民不服従運動。シンボルとして蛍光黄色のベストを着て道路封鎖等の運動を展開。

自治体でも最近、気候市民会議をおこなったところ（札幌市や武蔵野市など）、これからおこなおうとしているところがいくつも出てきています。読者のみなさんもこのような新しい取り組みに対して、「面倒だな」と思わずに、むしろ未来の民主主義の創造に関わる機会だとポジティブにとらえて、ぜひ積極的に参加してみてはいかがでしょうか。政治に関わるのかと思うと億劫になるかもしれませんが、未来の社会科の教科書に載るかもしれない新しい民主主義を再構築する作業に自分が直接関われると思えば、ワクワクしてきませんか？　この問題は、トランジション・マネジメントのように、未来像を想定した逆算は難しいように思いますが、機能不全に陥りつつある制度をそのまま温存するのではなく、多様なアイデアの自由闊達な試行がこれから、とくに必要になってくるでしょう。

いまからはじめられるトランジション

トランジション・マネジメントを一人で完遂することはできません。いろいろな人々の行動が徐々に変化して初めて、持続可能な未来を先取りすることができるのです。しかし、はじめの一歩は、一人の勇気ある行動からはじまります。

みんなが必要性を認識しているトランジションであったとしても、誰ひとり手を挙げなければ、いつまで経ってもはじまりません。結局、手遅れになって組織や社会全体が災禍に巻き込

［※60］ダーヴィッド・ヴァン・レイブルック（2019）『選挙制を疑う』岡﨑晴輝／ディミトリ・ヴァンオーヴェルベーク 訳、法政大学出版局

まれるかもしれません。はじめの一歩が面倒だったり、周囲が怖がって逃げたりするのを続けていると、問題が放置され、次第に手のつけようがなくなって、最後に大変な目に遭うものです。戦前日本の軍国主義化やナチス・ドイツの台頭も、みんななんとなく違和感を覚えていたと言われますが、それを放置して、付和雷同して、結局、全体主義体制にのみ込まれて誰もが戦禍に巻き込まれるという不幸に陥ってしまったわけです。

いま、あなたの身の回りで、トランジションが必要な課題はなんでしょうか？　本書でいくつか例示してみましたが、自分が関わっている組織や地域で、トランジションは必要でしょうか？　組織や地域が社会・経済の大きな潮流から取り残されないようにするために、なにが変わらなければならないのでしょうか？

もちろんいますぐ正解が見つかるはずはありません。もしわからなければ、「なんかヘンだな」と思っているところから、自分ひとりで、模索するところからはじめればよいのです。関連する本を読んでみてもよいですし、現場に行って調べてみてもよいでしょう。

たとえば、自分が住んでいる街が気候変動の災害に脆弱なのではないか、と思ったら、市役所のホームページでハザードマップを調べてみたり、気候変動に関する本を図書館で借りて読んでみたり、あるいは河原や低地を歩いてみたりしてもよいでしょう。会社でＤＸを進めないとマズい、と思ったら、現在社内でどのようなシステムが使われているのか（ＩＴシステムにせよ、紙ベースのシステムにせよ、口頭でのコミュニケーションにせよ）を調べて、どんなICT技術が選択肢としてあるのかもネットや資料で調べて、社内のいろいろな人たちに話をしてみてもよいでしょう。

また、すでに活動している人たちがいたら、その人たちの仲間に入れてもらってもよいかもしれません。もちろん、既存の活動がダメだからこそトランジションが必要なケースもあります。それでも、もしかしたら自分で1からはじめることはなく、すでに動いている人たちの手伝いをするほうが、有効な可能性も十分にあります。

自分がリーダーシップをとって、新しいことをはじめるのであれば、少し丁寧に現状分析をしてみましょう。ここで重要なのが、仲間となる「フロントランナー」の特定です。第3章で述べたように、権限を持っている人でなく、持続可能な組織や地域に貢献してくれそうな人、マインドを持っている人、そして未来の先取りをしている人たちを見つけないことには、その後のトランジション・マネジメントははじまりません。そしてフロントランナーを巻き込んで、トランジション加速の旅をはじめるのです。

トランジションそのものはネガティブなことではありません。むしろ、ネガティブな未来を回避して、ポジティブな未来を自分たちへと引き寄せる挑戦が、トランジション・マネジメントなのです。**あなたも、その挑戦に向けたはじめの一歩を踏み出してみませんか？**

コラム⑤ 3・5パーセントで世界は変わる?

市民運動やトランジションに関心がある人々の間で一時期、「3・5%ルール」がたいへん話題になりました。ハーバード大教授をつとめるエリカ・チェノウェスは、世界中で発生したデモやボイコットなど非暴力の市民的抵抗（civil resistance）の事例を収集してデータベースをつくりました。その結果、政権転覆などの成功を収めた事例の参加者数は、およそ人口の3・5%以上であることが明らかになりました。「人口のたった3・5%が、デモなどの非暴力の市民的抵抗に参加すれば、社会を変えられる」。これが3・5%ルールです。2013年、オンライン講演「TEDトーク」で彼女がこのルールを発表したところ、大きな反響を呼び、3・5%という数字が世界に広まることになりました。

第1章でも紹介した「未来のための金曜日」など、気候変動を要求する市民的抵抗の活動も、国民のほんの一部がデモに参加しているだけかもしれませんが、それでも十分社会を変える可能性があることを、3・5%ルールが示唆しているのかもしれません。市民運動に対して冷めた見方をする人も多いなかで、このルールは運動をはじめようとする人たちに勇気を与えることでしょう。

それにしても、3・5%というのは非常に小さい数字です。第2章で紹介したロジャーズの普及学では、イノベーションを早い段階で取り入れるアーリー・アダプターは消費者の13・5%です。しかも、アーリー・アダプターへの普及だけでは社会全体に普及することはない、とまで言われています。10%も差があるのに、本当に3・5%だけで社会を変えられるのか、不安になりますよね。この差を理解するためには、この3・5%という数字がなにを意味するかをきちんと理解しなければなりません。

第一に、チェノウェスの研究では、政権の退陣や国家の独立などを要求する「マキシマリスト運動」と呼ばれる種類の市民的抵抗のみが対象とされていて、気候変動などの具体的な政策を要求する市民運動はデータベースに含まれていません。チェノウェス本人もそのような運動については、「信頼にたる世界規模のデータが収集されていない」[※61]として、3・5%ルールが適用できるかどうかわからないと留保しています。第二に、3・5%はあくまで運動の「目に見える参加者」であって、その背後には多数の支持者が存在していることが前提になっています。軍事政権など暴力的で

[※61]エリカ・チェノウェス(2023)『市民的抵抗:非暴力が社会を変える』小林綾子 訳、白水社、p.180

非民主的な政府に対する不満を多くの市民が抱いていたとしても、反対の姿勢を見せることは難しいことです。そのような抑圧があるなかで、3・5%の市民が勇気をもって抵抗することで政府を転覆することができる、というのが3・5%ルールなのです。

こうして考えると、社会が変わるトランジションを促すときに、3・5%は目標値にはなりえません。トランジションは、多くの人が疑問を抱くであろう圧政や暴政とは異なり、大多数の人々にとっての「あたりまえ」を変えることです。隠れた支持者が多数いるとは限りません。むしろ社会全体で見たら支持者の方が少数派な段階からはじめるのが、トランジションと言えます。トランジションを加速したいのであれば、デモなどの運動に表立って参加する人々だけでなく、むしろその背後にいる見えない人々に目を向けて、その「あたりまえ」をどう揺り動かすのかを考えないといけないのです。

おわりに

2023年も半分が過ぎましたが、今年も全国各地で、豪雨災害が発生しはじめています。6月上旬には、特定の地点で継続的に大量の雨を降らせる「線状降水帯」が発生し、和歌山県などで大きな被害が発生しました。また、6月だというのに、すでに複数の台風が日本の近海を通過しています。例年であれば、6月頃の台風は、太平洋上で発生して、フィリピンや南シナ海へと移動していくことが一般的ですが、今年は北上して日本の近くまで到来しています。秋の台風シーズンに大きな被害が発生しないことを祈るばかりです。北米でも山火事が増えていたり、欧州は異常な暖冬を経験したり、東南アジアは猛暑となったり、世界各地で、気候変動の影響が疑わしい事態が見られます。

また5月以降、岸田政権は「異次元」の少子化対策を強調するようになり、児童手当の拡充などが今後、進められることとなりました。これは本書で指摘していた人口減少問題への対応といえますが、児童手当が少し増えた程度で合計特殊出生率が2・07を超える（＝人口が増加に転じる）ことはまず起きないでしょう。子育て支援の強化自体には意味があるにせよ、トランジションではなく小手先の対応でしかないので、人口減少問題の抜本的解決は期待できません。最近では、税収増を狙って各自治体が「子育てしやすい街」のプロモーションを競い合い、結果として、子どもが急増したニュータウンで小学校の教室不足に陥り、急遽プレハブの校舎を増設するなどという、まったく持続可能ではない事態も見られます。

ロシアによるウクライナ侵攻も終わりが見えず、中華人民共和国に対する国際的圧力も強まり、そして2024年には米国大統領選が行われます。私たちはまだしばらくの間、不安定な世界を生き抜いていかなければならなさそうです。

こんな暗いニュースばかりだと、気が滅入ってしまいますよね。しかし、不安を抱えていても意味はありません。むしろ、トランジションの知識を活用して、持続可能な社会へと飛躍するチャンスだと考えてみませんか。そしてみなさん一人ひとり（とくに若い人たち）が、これから必要になってくるトランジションを先導するフロントランナーになれるチャンスでもあるのです。

たとえば、気候変動の影響を大きく受ける漁業の分野では、最近、陸上での完全養殖など、持続可能な漁業へのトランジションがさまざまな形で試行されています。また筆者が調査している福島県南相馬市小高区の震災復興でも、若者たちが「復旧」ではない、持続可能な新しいビジネスの姿を模索しています。これらの事例のフロントランナーのみなさんは、誰もが目を輝かせて、技術や商品の開発に取り組んでいます。読者のみなさんもぜひ、この不安な時代のなかでも前向きに、自信をもって、トランジションに取り組んでみてください。

さて、本書はさまざまな方々のご協力で実現しています。トランジションについて知る最初の機会を与えてくださった東京大学の城山英明先生、トランジションを実践する機会を与えてくださった徳島大学の山中英生先生、美園タウンマネジメントの岡本祐輝さん、気候変動対策としてトランジションを考える機会をくださった北海道大学の三上直之さん、東京大学の江守正多さん、ほかにも紙幅の都合で残念ながらお名前を挙げられない多くの方々との研究・実践での交流が本書の礎になっています。また、言うまでもなく、本書の内容の大半は、オランダ・トランジション研究所のダーク・ローバック教授から学んだことでもあります。これら多くの方々に御礼申し上げますとともに、遅筆な筆者に最後までおつきあいいただきました、集英社インターナショナルの矢作奎太さんにも御礼申し上げます。

2023年6月

「Xカーブ」
ダウンロードページ

トランジション・マネジメントに必須の
「Xカーブ」を下記のURLから
ダウンロードしていただけます。

具体的な使い方は本書第3章をご参照ください。

https://www.shueisha-int.co.jp/news/22319

リンク先の WEB ページは予告なく閉鎖される可能性もあります。
ご了承ください。

社会の「あたりまえ」を変えるためのブックガイド

❶『イノベーションの普及』

エベレット・ロジャーズ 著、三藤利雄 訳、翔泳社、2007年

新しい技術や行動パターンであるイノベーションが、いかにして人々の間に広まっていくのか、その過程を解き明かした名著。トランジションとはまさに、持続可能性を高めるイノベーションの普及を加速させること。教科書的な内容ではありますが、イノベーションについて専門的な知識を得たい人であれば必読です。

---

❷『キャズム』

ジェフリー・ムーア 著、川又政治 訳、翔泳社、2002年

みんなにとってよいことのはずなのに、実際にはなかなか広まらない。イノベーションが新しい「あたりまえ」へと発展するために乗り越えなければならない「溝（キャズム）」があることを指摘した名著。仲間内で盛り上がるだけでなく、社会全体のトランジションを目指すのであれば、このキャズムを乗り越える必要があるので、理解しておくとよいでしょう。

---

❸『世界はシステムで動く』

ドネラ・H・メドウズ 著、枝廣淳子 訳、小田理一郎 解説、英治出版、2015年

トランジションは社会のシステム（構造）を変えること。世の中のさまざまな事象を、単なる事例やストーリーではなくシステムとして理解するための方法論をわかりやすく解説しているのが本書。第2章でも人口のシステムを紹介しましたが、深刻化する社会問題をシステムとしてとらえることで、なにをどう変えなければならないのかが、見えてくるはずです。

---

❹『ファスト＆スロー（上・下）』

ダニエル・カーネマン 著、村井章子 訳、ハヤカワ・ノンフィクション文庫、2014年

トランジションの加速とは、人々の行動変容を促すことでもあるので、それを実現するためには、人々が普段、どのように考えて行動しているのかを理解しなければなりません。本書は、冷静に熟慮するシステム2を稼働させることのむずかしさや、また人間が「失う」ことを「得る」ことよりも過剰に恐れるプロスペクト理論など、人々が物事を判断する際にどのような「心」の動きが機能しているかを、網羅的にわかりやすく紹介しています。

---

❺『絵でわかる地球温暖化』

渡部雅浩 著、講談社、2018年

本書では気候変動の社会的側面（化石燃料に基づく産業革命以降の社会経済システムの影響）を主に扱ってきましたが、科学的な側面についてもっと学びたい人に好適の書。地球の気候がいかに複雑なシステムのバランスで成り立っているかがよくわかります（本書は東京大学／国立環境研の江守正多さんにご推薦いただきました）。

[著者略歴]

松浦正浩（Masahiro Matsuura）

1974年生まれ。Ph.D.（都市・地域計画）。

東京大学工学部土木工学科卒、マサチューセッツ工科大学Master of City Planning（1998年）、（株）三菱総合研究所研究員（1998～2002年）、マサチューセッツ工科大学Ph.D.（2006年）、東京大学公共政策大学院特任講師・特任准教授（2007～2016年）を経て、明治大学専門職大学院ガバナンス研究科（公共政策大学院）専任教授。

著書に『実践！ 交渉学 いかに合意形成を図るか』（ちくま新書）、『おとしどころの見つけ方　世界一やさしい交渉学入門』（クロスメディア・パブリッシング）など。

トランジション

社会《しゃかい》の「あたりまえ」を変《か》える方法《ほうほう》

2023年7月31日　第1刷発行

著　者　松浦正浩《まつうらまさひろ》

発行者　岩瀬 朗

発行所　株式会社 集英社インターナショナル
〒101-0064 東京都千代田区神田猿楽町1-5-18
電話 03-5211-2632

発売所　株式会社 集英社
〒101-8050 東京都千代田区一ツ橋2-5-10
電話 03-3230-6080（読者係）
03-3230-6393（販売部）書店専用

印刷所　大日本印刷株式会社

製本所　ナショナル製本協同組合

ISBN978-4-7976-7433-0 C0036